U0782975

高等教育管理与教学创新研究

GAODENG JIAOYU GUANLI YU JIAOXUE CHUANGXIN YANJIU

王 迎 编著

黑龙江科学技术出版社
HEILONGJIANG SCIENCE AND TECHNOLOGY PRESS

图书在版编目（ＣＩＰ）数据

高等教育管理与教学创新研究 / 王迎编著. -- 哈尔滨：黑龙江科学技术出版社, 2023.3
ISBN 978-7-5719-1750-0

Ⅰ.①高… Ⅱ.①王… Ⅲ.①高等教育 – 教育管理 – 研究②高等教育 – 教学研究 Ⅳ.①G64

中国国家版本馆 CIP 数据核字(2023)第 025447 号

高等教育管理与教学创新研究
GAODENG JIAOYU GUANLI YU JIAOXUE CHUANGXIN YANJIU
王　迎　编著

责任编辑	王　姝
封面设计	林　子
出　　版	黑龙江科学技术出版社
	地址：哈尔滨市南岗区公安街 70-2 号　邮编：150007
	电话：（0451）53642106　传真：（0451）53642143
	网址：www.lkcbs.cn
发　　行	全国新华书店
印　　刷	哈尔滨市石桥印务有限公司
开　　本	787 mm×1092 mm　　1/16
印　　张	10.75
字　　数	200 千字
版　　次	2023 年 3 月第 1 版
印　　次	2023 年 3 月第 1 次印刷
书　　号	ISBN 978-7-5719-1750-0
定　　价	68.80 元

【版权所有，请勿翻印、转载】
本社常年法律顾问：黑龙江博润律师事务所　张春雨

目录

第四章　高等教育教学理论概述

第五章　高等教育教学实践体系

第六章　高等教育教学创新实践

第七章　高等教育教学质量评价体系研究

第一章
高等教育管理理论概述

第一节　高等教育管理相关观点

高等教育管理是指中央或地方政府以及高等教育按照国家的法律、法规、政策和教育方针，为实现培养目标而对高等教育诸方面进行的计划、组织、指挥、协调、监督、控制等一系列有目的的连续活动。系统管理各种关系和资源，确保国家培养高层次人才目标实现的过程。解决的是政府教育行政部门和高校之间的关系问题。关于高等教育管理的概念，目前有以下几种界定。

第一种观点认为：高等教育管理是"国家在高等教育行政管理工作中机构设置、相互关系和权责划分的制度，主要是明确国家对高等教育进行行政管理中，有哪些政府统筹和决策，它们之间的权责如何划分及对高等教育机构如何管理等。"它是高等教育的重要组成部分，是带有根本性、全局性的组织管理制度。其主要原则如下：一是明确高等教育应由国家管理，政府是高等教育管理的主体；二是国家对高等教育的管理应该由哪级政府承担应该采取什么样的管理模式，这取决于一个国家现行的政治制度、经济体制以及具体的国情和文化背景；三是国家或政府的高等教育管理活动必须遵循高等教育规律，以促进高等教育发展为目的，以法律和国际规则为依据依法管理。第二种观点认为：高等教育管理主要是指"各级政府对各种形式高等教育的管理和监督方式，其中也包含有部分的办学主体关系和教育投资关系，其本质属性是政府的宏观调控、管理与监督。"高等教育管理主要反映国家对高等教育的基本要求，它的形成是高等教育发展到一定阶段的产物，对高等教育管理的理解主要指政府与高校之间的关系。第三种观点认为：高等教育管理是指"国家管理高等教育事业的根本组织制度，通常情况下，其主体内容是规定和调整中央与地方、政府与学校之间的关系。"将高等教育宏观管理的种种变化归结到管理变革与职能转换两个方面。第四种观点认为：高等教育管理是"在高等教育活动中各构成要素之间的相互关系及其组织运行方式。"

上述观点各有侧重，有的注重中央政府和地方政府的关系，有的注重政府与学校之间的关系，有的两者兼而有之，但都强调高等教育应该由国家管理，政府是高等教育管理的主体，高等教育、其他高等教育机构是高等教育管理的客体。高等教育管理是高等教育发展到一定阶段的产物，是一定社会政治、经济和文化的反映。

随着市场经济的逐步完善和教育服务的快速发展，作为为高等教育服务的社会中介组织将成为高等教育管理创新研究的重要内容。别国的经验表明，社会力量也将作为重要的管理主体参与到高等教育的管理中来。

高等教育管理有以下五个方面的意思：第一，高等教育管理的核心是国家高等教育管理权力结构。包括中央政府和地方政府之间的高等教育管理权力分配关系、各级政府高等教育管理部门与其他部门之间的高等教育管理权力配置、高等教育管理机构与各级各类高等教育之间的管理权力的划分，以及高等教育管理机构内部的各种权力分配关系。第二，各级各类高等教育管理机构是国家高等教育管理的组织形态。国家高等教育管理权力的结构隐含于各级各类高等教育管理机构之中。第三，高等教育管理制度是使高等教育管理机构发挥职能、正常运转的基本保证。它对高等教育管理机构的管理活动和管理职能具有重要的规范作用。第四，高等教育管理的形成是国家经济、政治、文化传统和高等教育投资、办学体制等综合作用的结果。第五，高等教育管理作为一种对社会事业进行管理的体制，具有动态性的特征。随着社会条件的变化以及高等教育本身的发展，高等教育管理体制必须进行与之相适应的变革。

第二节　高等教育管理的基本概念

一、管理的一般概念

管理一般是指在特定的环境下，对组织所拥有的资源进行有效的计划、组织、领导和控制，以便完成既定的组织目标的过程。学科体系的理论研究中提到过，管理是人们依据社会发展的客观规律和在特定历史条件下各种规律的表现方式，有意识地调节社会系统内外的各种关系和资源，以便达到既定的系统目标的过程。很显然，这两个方面的表述并不矛盾，只是表述的方式稍有差别而已。前面的表述直接一些，比较简练直观；后面的表述比较宏观一些，主要从社会系统的角度进行表述。

管理的含义包括以下三个方面的内容：

第一，管理是为实现组织目标服务的，是一个有意识、有目的的活动过程。管理是任何组织都不可或缺的，但绝不是孤立存在的。只要有组织及其活动，就存在管理问题。就管理本身而言，管理不具有自己的目标，不存在为管理而管理，没有活动也就不存在管理问题。管理是依附于活动而存在的，组织活动的目标就是管理的目标，管理是服务于组织目标的。

第二，管理活动是借助一系列相互关联的资源要素进行的。管理工作就是要综合运用组织中的各种资源要素，通过计划、组织、控制等来实现组织目标，达到活动的目的效果，这也成为管理的基本职能。

第三，从管理本身来讲，管理活动应该按照自己的规律进行，但是，现实管理活动中的资源并不是孤立存在的，管理工作是在一定环境条件下进行的。管理是一种社会活动，有效的管理必须充分考虑组织的特定环境。

"一般管理理论"最早诞生在法国。当泰勒及其追随者正在美国研究和倡导生产作业现场的科学管理原理和方法的时候，大西洋彼岸的法国诞生了组织管理的理论，被后人称为"一般管理理论"或者"组织管理理论"。与泰勒主要研究的基层作业管理理论不同的是，"一般管理理论"是站在高层管理者的角度研究组织管理问题。在此基础上，现代管理理论的研究发展很快，形成了许多有关管理的经典理论和理论体系。根据研究管理的对象不同，管理可分为广义的管理和狭义的管理。广义的管理可以是针对大自然中万事万物的管理，而狭义的管理只是针对某项具体活动，以及这些活动中的资源所进行的计划、组织、领导和控制。一般我们研究的管理是指狭义的管理，是指组织管理、行为管理和活动管理。活动的结果，实际上是人的能动性的结果，管理的实质是人，是管理者与被管理者之间发生的矛盾的解决。既然这样，那么，管理就是由管理者、被管理者以及事项三方形成的特定的活动。

对现代管理的分类，一般可以从多个角度来进行。一是从活动的规模与大小分，可以分为宏观管理和微观管理；二是从具体的活动内容分，可以分为综合管理和专项管理。另外，从管理的形式上，又可以分为紧密管理和松散管理。当然，这些区分也只是相对的。

二、管理的基本理论

管理的基本理论是很多的，特别是随着现代社会的发展，人们认识水平的不断提高，社会活动的不断丰富，社会财富与利益驱动机制更加强烈，新的管理理论也在创新，在发展。而系统管理理论、人本管理理论、目标管理理论、标准化管理理论、组织管理理论、模糊管理理论、混合管理理论等只是众多管理理论中的一部分，它们既是管理的理论，也是管理的思想和方法。

（一）系统管理理论

系统管理理论指出，管理的任务就是协调系统中的各个子系统以及系统要素，以保持系统的动态平衡，取得系统最佳运行效果。这种管理理论及其方法的核心是把管理作为一个整体的系统，系统就要有系统要素，系统要素就是人、物、活动及其项目。这种管理理论和方法一般应用于大的军事战略、建设工程、大型活动（内容复杂、组织规模大、投入量大、长时间与长周期）较为合适。当然，这些也只是相对的，因为大和小本身就是相对的。

（二）人本管理理论

人本管理理论和方法是以人为中心的管理，实际上，这种管理理论与方法是最难做好的，如果把握不好，甚至有时候还会出现偏颇。有效的人本管理实质是人的权力的利用和利益的分配，在这种过程中，既要尊重人，又要让人的潜能充分发挥，是一对很特殊的矛盾，有时候还存在一个两难的矛盾。以人为本的管理目的就是发掘人的最大潜能，这种潜能并不完全是指被管理者的，同时也包括管理者。管理者的潜能是工作的积极性和表现出来的工作效益，被管理者的潜能是管理者的思想和艺术施加结果的体现，二者结合才能达到管理的最大效果。人本管理理论虽然是一个相对比较早的管理理论，但是在实践中的成熟应用并不是很多很好。究其原因，传统的、单纯的人本管理理论十分强调管理中"人"的素质。可以说，低素质的人是绝对运用不好人本管理理论的，一个管不好自己的人同样也是管理不好别人的，更不用说有效地运用好人本管理理论。不过，现代的人本管理理论加入了一些新的元素，在人本管理中加入制度管理，形成一种新的意义上的人本管理理论，这可以说是现代人本管理理论的发展。

（三）目标管理理论

目标管理理论和方法是一种与利益相关联的刚性管理模式。这种管理理论和方法实际上是与价值理论密切相关的，甚至可以说是以价值理论为基础的。要有一个预先设置的价值目标，然后以这种价值目标的实现为核心展开管理活动。价值目标的认同是关键，是目标管理的前提。价值目标的确立也是十分重要的，价值目标必须通过全体成员认同。目标管理理论强调组织目标的制定要得到所有组织成员的认同，没有认同感的组织目标是不切实际的目标，是难以达到组织目标的。有人说目标管理只是注重结果，这是十分错误的。最新的目标管理理论不仅仅是注重管理活动的一头一尾，除了最先确定价值目标、最终对完成价值目标的结果检验外，还对过程进行严格监督，让目标按既定的方向完成，而不是等到问题成了堆，最后取得一个很糟糕的结果。既成事实不是目标管理的目的，要让管理者与被管理者通过共同的努力，一步一步向既定目标靠近。实现以价值目标为中心而组织的目标管理活动，是一种刚性的量化管理，因此它的执行也是刚性的。目标管理理论除了注重价值目标外，具体的应用还有一个公平理论问题，这是由目标管理理论的刚性所决定的。

（四）标准化管理理论

这种管理理论和方法是在专业化管理的基础上，由管理者组织专家制定管理的标准，要通过一定的法律法规程序予以确定。这种管理的思想十分明确，最朴素的道理就是"没有规矩不能成方圆"。标准化管理虽然是组织和专家负责，但标准并不武断，也不是空穴来风，它既要有权威性，又要有社会基础和群众基础，通过科学的过程来制定。在这一过程中有两个十分重要的环节，一个是标准的制定，另一个是标准的执行。第二个方面是标准化管理的要害，有时候可能还是成败的关键。在管理活动中，有了标准不好好地执行，或者执行起来走样，必将导致标准化管理的全面失败。当然，这不是标准化本身的问题，是实施标准化管理的实践问题。

（五）组织管理理论

组织管理理论和方法的实质是最高决策层通过设置管理的各级组织、规定各级组织的职能，通过领导核心、组织授权、组织实施等进行的管理。组织管理的重点是组织结构的设计，关键是组织职能的授权。同时，也有人把它归结到组织的层级管理理论、组织的能级管理理论和组织的行为管理理论中。组织管理理论要有严密的组织结构，要有明确的组织目标和组织功能。同时，要有一套有效的组织运作机制，否则，再好的科学组织，再完善的组织功能，没有好的运作机制也不可能活起来，甚至导致组织管理活动不能有效地展开。

（六）模糊管理理论

这是一种现代的管理思想和方法，特别是在软管理方面，主要运用模糊数学的管理思想与技术进行管理。这是一种在高层次的人群中实施的行为管理，是一种软性管理。简单管理没有必要运用模糊管理，一般是在复杂的、庞大的、中长周期的、高智商的管理活动中实施。

实际上，我们通常的组织活动中，特别是比较大的组织系统中，运用的比较多的是混合管理模式。混合管理是多种管理思想和方法的组合。在规模比较大的大型组织中，管理的内容比较复杂，头绪又很多，多种活动项目的性质差距较大，运用某一种方式来进行全盘的统领往往是不可能的，这就需要运用混合管理的理论和方法来完成。

三、高等教育管理概念

根据高等教育的目的和发展规律，调配高等教育资源，调节高等教育系统内外的各种关系，进行有效的计划、组织、领导和控制，以便达到既定的高等教育系统目标的过程，这是通常给出的高等教育管理的定义。

从教育管理的层面上讲，高等教育是中等教育基础之上的教育。因此，它是指高等教育这一特殊的专业层面上的管理。

从管理的分类上讲，可以分为宏观高等教育管理和微观高等教育管理，即教育行政管理和高校自我内部管理两大部分。传统上，高等教育宏观管理是指国家教育行政部门依据高等教育发展的规律和国家高等教育的目的，有计划地协调整个高等教育

从管理的内容上讲，可以分为宏观高等教育管理中的战略规划管理、宏观调控管理以及微观高等教育管理中的教育组织内部的具体的教育管理活动。

从定义分析，高等教育管理具有三层含义：

第一，高等教育管理的依据。高等教育管理的概念首先指明了高等教育管理活动的依据是高等教育的目的和发展规律。高等教育的目的是为社会提供各级各类高级专门人才。各级各类高级专门人才的教育是指：在类别上分为普通高等教育、成人高等教育；在性质上分为公办高等教育、民办高等教育；在层次上分为专科教育、本科教育和研究生教育。这些教育的目的和目标是管理的根本依据。高等教育受到学生身心发展的影响，通过德育、智育、体育、美育等过程，培养全面发展的人。只有把人作为社会关系的总和来看待，才能对人的发展有全面的

理解。因此，各级各类的教育过程都有其自身的客观内在规律，只有正确认识它们的客观规律，才能实施科学的管理。高等教育必须受到一定社会经济、政治、文化的制约，并为一定社会的经济、政治、文化发展服务。因此，生产力和科学技术的发展水平，社会的制度、文化传统都对高等教育活动产生了制约。无论是国家宏观的高等教育发展政策的制定，还是高等学校培养人才的过程，都必须遵循高等教育的目的和高等教育发展的客观规律。这也是高等教育管理的出发点。

第二，高等教育管理的任务。高等教育管理的概念指出了高等教育管理的任务，这就是有意识地调节高等教育系统内外各种关系和高等教育资源，以适应高等教育系统发展的客观规律。从一个国家或者地区来讲，高等教育系统是国家或者地区社会系统中的一个子系统。从高等教育组织系统来讲，高等学校也是一个社会子系统。由于系统中存在着多种矛盾，因此，高等教育管理的任务就是协调并最终解决系统中存在的矛盾。在高等教育管理中，要用系统论的眼光来设计高等教育的整体和各部分之间、要素与要素之间、学校系统与外部环境之间以及学校系统内部的子系统之间的相互关系，树立整体的观念，并通过有效的管理实现系统要素间的整体优化。

第三，高等教育管理的目的。高等教育管理的概念还指明了高等教育管理的目的是不断促成高等教育系统目标的实现。高等教育管理的目的最终也只是高等教育目的的一种辅助性（工具性）目的。在高等教育系统中，培养人才是高等教育的根本目的，高等教育系统的一切工作（包括管理工作）都必须围绕这一目的展开。对高等教育系统中各种关系和资源的协调构成了高等教育管理的目的，即通过有效的管理，确保高等教育实质性目的的实现。因此，高等教育管理最终也只能是手段。当然，由于高等教育管理有其自身的需要，其自身也有目的，如效率就是管理的目的之一，但它是通过有效的管理来保证高等教育目的有效实现的。

综上所述，不论是宏观的高等教育管理还是微观的高等教育管理，所依据的都是国家的教育方针、组织的发展目标、活动的制度规则、高等教育的基本规律以及社会政治、经济、文化的发展背景与环境，都是通过立法的、行政的、经济的、市场的等手段进行协调和控制，保证提高高等教育人才培养质量、推动科学文化知识创新、促进社会进步等目标的实现，最终实现高等教育的可持续发展。

第三节　高等教育管理的类型

高等教育管理的类型传统上就是指国家以什么样的方式来管理高等教育活动，即高等教育管理机构的组织形态。按照高等教育管理权力的划分和行使方式的不同，可以把世界各国的高等教育管理划分为三种类型：中央集权制、地方分权制、中央与地方合作制。

一、中央集权制

中央集权制，是指全国高等教育机构主要由中央政府管理，其下属地方政府和下级机关没有或很少有自主权，一切措施都必须以中央政府制定的法令和指示为准。有关高等教育创新与发展的决策权、指挥权、审查权等权限全部集中在中央政府或上级机关。例如，中央政府通过计划、命令、法律、拨款、监督等手段直接调节高等教育活动，高等教育资源分配由国家政府按计划实行。地方制定的政策，只是对中央或上级的政策的解释和执行。这种管理的优点是有利于教育政策的统一；有利于统筹全局、规划教育事业的发展；也利于调节各地教育发展的不平衡，统一教育标准，保持全国教育发展的整体水平。其弊端是会使教育管理缺乏弹性，难以因地制宜地发展教育事业；易导致教育行政管理中的官僚主义、命令主义，挫伤下级机关办学的积极性，降低学校的办学效益，减少教育方面的创新和特色。

欧洲大陆一些国家的高等教育体制大体属于这类模式，法国就是典型代表。在法国的高等教育体制中，最高决策权力机构是国民教育部。其主要职责有以下几个方面：制定方针政策，审批学校专业文凭授予权，批准各级人事安排，确定限额招生专业及其招生数，分配教育经费，等等。我国在新中国成立初期借鉴苏联高等教育管理体制模式，具有高度中央集权的特征。尽管经过 20 世纪 80 年代以来高等教育管理体制的创新，改变了中央政府对地方高等教育的一些权力，但是我国现行的高等教育管理体制的主要特点仍然是中央统一领导下的分级管理体制，以中央集权为基础，中央与地方存在着上下级关系，地方各级高等教育行政组织均受中央统一领导。我国高等教育管理体制中央集权化的特征还是很明显。如现在由教育部直接管理的高等教育，一部分"211"高校几乎完全由中央政府决定高校的各个方面。

二、地方分权制

地方分权制，是指高等教育机构主要由地方政府或公共团体管理。下级机关和地方政府在其管辖的范围内，有完全独立的权利。他们按照自己的意愿和方式支配着高等教育的运行，高等教育活动呈现出极大的市场性，其资源配置也来自多个方面。中央政府对其在权限范围内的事务不加干涉，主要依据各种法律，通过拨款和评估等手段，把政府的政策渗透到地方和高校，实行对高等教育的间接控制，实际上将高等教育的管理权交给了地方。这种管理体制的长处在于，可以使教育行政管理具有弹性，避免一刀切，使教育为地方的实际需要服务；易于办出特色，能减少国家对具体事务的干预和管理。其不足之处是权力过于分散，会带来政令不统一、地方各行其是等问题；还会造成教育发展的不平衡和教育发展上的盲目混乱，导致教育行政管理的整体功能难以发挥。在现代市场经济条件下，纯粹的地方分权体制几乎没有，只有美国还可以看作是当今世界高等教育体系中具有地方分权元素的个例。联邦宪法没有明确规定中央政府的高等教育职能和权力，也即中央政府没有实权，处于资助和指导的地位，其职能是服务性的。在美国，高等教育传统上由州政府和其他各种私人团体管理。

三、中央与地方合作制

中央与地方合作制是在中央集权制与地方分权制两个极端之间分布着的高等教育类型，中央与地方政府共同管理高等教育。它们有一个总特征：其决策与管理权力，部分在中央政府，部分在地方政府或其他利益集团。高等教育国家干预力量与市场调节力量并存，在国家政府与高等教育之间存在一种中间层缓冲组织或力量，这种组织或力量可以协调国家与高等教育的关系，协调计划与市场的机制，以及协调高等教育的资源配置。这种管理结合了前两种管理的优点，但在权力分配、彼此制衡与相互衔接上存在着很多问题。英国、德国和日本可以说是这一体制类型的代表。

从对以上管理体制的分析可以看出：每种管理体制都有优点和不足，关键是要依据各国的国情、民情、行政内容、行政划分的大小以及各种体制的特点等方面综合地加以判断。我国也注意到集权与分权的利弊，针对我国高等教育发展的实际情况，对很多高等教育采取了中央与地方政府共管的模式。理想的教育管理应该是中央与地方两方面的协力。当然，国家对教育某种程度的控制是很重要和必要的，关键是中央政府的控制范围是什么，在什么程度上进行控制，必要的控制又是哪些方面。恰到好处地区分、把握和运用这些"度"颇有难度。世界各国不管采取哪种类型的管理，中央政府和地方政府的协调、连接始终是不可回避的重要问题。

第四节　高等教育管理的特点

一、高等教育管理目标的特殊性

高等教育系统目标的特殊性决定了高等教育管理目标的特殊性。高等教育系统的主要目标是根据高等教育的功能来确定的，因此，对管理的功能与目标相应地提出了它的特定要求。高等教育管理的功能就是通过计划、组织、协调、控制等使高等教育更加符合社会发展的要求，符合社会生产力的要求，这种要求表现为在教育的层次、结构、规模、质量等方面的目标。另外，在微观方面，高等教育管理要使组织中的每个成员按高等教育规律办事，更好地完成既定的目标。高等教育系统的目标是根据高等教育规律和社会发展对高等教育的需求来制订的，所以，高等教育系统的协调活动也应该以高等教育的规律为指导，而不能简单地照抄企业管理中的某些方式方法。从这个意义上说，高等教育的微观管理是以更好地培养人才并且着眼于提高人才的质量为根本目标的管理活动，它不能，也无法以只追求经济效益（更不能以追求利润为目的）为目标。在市场经济体制下，高等教育要不要考虑经济效益的问题，一直以来都是政府行政管理部门和管理工作者闭口不谈的问题，好像一谈经济效益就乱，就偏离教育方向。但不谈经济效益就"死"，因为在市场经济体制下没有不讲经济效益的组织，没有不讲经济效益的管理活动。与行政管理、企业管理等其他管理所不同的是，如何将社会效益和经济效益有机地结合这一问题，纳入了高等教育管理的目标中。正确地处理好社会效益与经济效益的关系，这是高等教育管理工作者值得研究的，这也正反映了高等教育管理目标的特殊性。

高等教育管理具有两个最基本的目标功能：一是尽其所能地将系统内的各种关系和资源凝聚起来，形成一个整体，这也就是管理的"维系"功能；二是最大限度地围绕系统的整体目标，发挥要素的主动性、积极性，更好地实现高等教育系统的整体目标，这也就是管理的"结合"功能或"放大"功能。高等教育系统是由有关教育行政机关和各级各类高等学校所组成的系统，它的结构与功能与其他社会系统有所不同。高等教育在同其他社会系统进行物质、能量和信息交换的过程中，在为社会提供精神产品的同时，也提供了物资产品。这种物资产品表现在劳动力、科学技术成果、现代文明与文化产品方面，也可能形成工业产品。高等教育系统是最具创造力的社会系统，通过各成员、各要素主观能动性的发挥，可以最大限度地实现"系统大于部分功能之和的效果"。但反过来，如果教育者及教育资源中的人的主观能动性发挥不好，这比其他任何社会系统都更有可能制约生产力的发展。所以，高等教育管理者要充分认识到这两大功能的特殊性，并注意将两者有机地结合起来，用凝聚力推进整体的结合力，用系统的发展加强整体的凝聚力。

二、高等教育管理资源的特殊性

不论是宏观高等教育管理还是微观高等教育管理，高等教育管理资源要素的特殊性都具体表现在三个方面。第一，这是由一群高级知识分子组成的特殊的群体，组织及其成员的特殊性就构成了要素的特殊性。从高等教育管理的主体和客体来看，即从管理者和管理对象两个方面看，组成高等教育系统的主体要素之一是教师，是创造和掌握专门知识的群体。因此，对他们的管理要符合这一群体的心理活动，符合以个人脑力劳动为主的集体性活动的特征。另外一个高等教育系统的主体性成员是学生，是一群18岁以上、受过完全中等教育的青年，对他们的管理和协调方式要符合他们身心发展阶段的特殊性。正是由于高等教育系统组成人员的特殊性，管理中存在着一种特殊的管理现象，这种现象强调和要求自我管理。应该说，自我管理是任何管理中都存在的一种现象，但是，在高等教育管理中，自我管理尤为重要。它是一种要求身心和智力发展的自我管理，他们需要学到或养成自我管理、自我组织、自我发展的能力。他们的心理特征也表明，在教育过程中，完全有必要让其发挥自己的自我组织管理能力，这样才能更好地促进发展。所以，管理对象是高等教育管理要素最重要的特点。第二，教育投资与经费的管理是一项复杂的工作，因为它的用途是复杂的，有时候还不能用绝对的量化管理来处理，有时候投入产出还不能短期内见到成效，经济回报率可能很低。这就是高等教育经费管理有别于企业管理、行政管理、经济管理等的特殊性。第三，教学与科研物资设备管理的特殊性，表现在这类资源不完全是生产性资源。

这些物资设备是建立在教学科研功能上的，是为了完成教育教学实验实习、科学研究开发等工作存在的，它不仅仅是一套设备，还可能是一个一个教学实验和科学研究的基本平台。

高等教育资源的特殊性构成了高等教育管理的特殊性。高等教育资源是指整个社会用于教育领域中的人力、物力和财力以及知识产品、文化产品等的总和。有效的、可利用的资源是指由高等教育的主办者对高等教育的投入所形成的资源，主要表现在经费投资方面。社会教育资源的来源又与社会中的区域发展相关联，与政府对教育的投资相关联。教育是一种事业投资，但是它又不仅仅是纯粹的事业投资，因为投资对象决定了它不可能完全是事业投资。事业投资的对象主要是公共事业，公共事业是针对大众的，基本上所有的民众都可以享受到。而高等教育的对象群体不是单纯的享受公共事业的群体，毕竟当高等教育还没有达到普及化的时候，就不可能是一种完全的事业行为。虽然，高等教育的结果是回报了社会，但是受教育者只是整个社会群体中的一部分。那么，为什么不能普及高等教育？这是由高等教育资源的有限性决定的，这些资源又为整个社会政治经济的发展所制约。所以，从某个方面讲，高等教育的投入来自政府、学生家长、学校自身和社会的多方融资，构成了投资的特殊性，这就决定了高等教育资源的特殊性。马克思指出："要改变一般的人的本性，使他获得一定劳动部门的技能和技巧，成为发达的和专门的劳动力，就要有一定的教育或训练，而这就得花费或多或少的商品等价物。"要进行教育活动，首先需要从社会的总劳动力中抽出一部分劳动力，这就是从事教育的劳动者和进入劳动年龄的受教育者。他们要消耗一定的学习资源、生活资源，还必须有一定的物质技术条件，如校舍、图书、仪器设备等。由于高等教育财力资源不是自然资源，也不是通过生产方式就可以生产制造出来的，而是长时间打造、培育出来的，是随着社会的发展与需求逐步形成的。资源的有限性决定了在满足了人的再生产以及所需要的物质再生产以后，社会所能用于教育的资源就很有限了，难以满足社会和个人对教育的需求，这也是教育管理中的一对特殊矛盾。因此，如何去获得更多的教育资源，如何有效地使用稀少的教育资源，就成为社会领域和教育领域共同关心的问题。高等教育资源投资的特殊性构成高等教育管理资源的特殊性。

三、高等教育管理活动的特殊性

从宏观高等教育管理来看，高等教育事业具有很强的战略性、前瞻性。高等教育管理活动整体的发展规划关乎长远的社会民生问题，需要许多专家系统来完成。活动的内容涉及民族文化、区域经济、人口发展、科学技术水平、社会环境等。从微观高等教育管理来看，高等教育管理活动的特殊性体现在高等教育组织管理的活动中，最主要的表现之一就是要协调学术目标与其他目标之间的矛盾。学术目标是一种高智力投入和高智力劳动的追求，除了个体的高智力劳动外，同时还要强调高智力劳动的结合与高智力劳动者的团结协作。高等教育系统的主导性活动是传授知识、创造知识，高等教育所培养的各类专门人才和高等学校所提供的各种科技成果主要是通过学术水平和应用价值的高低来衡量的。管理活动的学术性十分强，而这种学术性不可以用一般行政性的方法进行管理。因此，学术目标的组织、协调与实现等是高等教育管理活动中的特殊矛盾，这就要求高等教育管理活动一定要重视学术这一特殊目标，使这一特殊的管理目标与学术目标相符合。高等教育组织中的教学活动是教与学的双边关系，高校师生是一个特殊的群体，在完成教学目标和管理目标的过程中，师生参与到具体的教学管理活动中，达到双边认知认同，教学民主就显得更加重要。大学教职工是高等教育系统中能动的力量，是实现高等教育管理目标的智慧源泉，要发挥他们的智慧和力量，学术自由是高等教育管理必须考虑的问题。高等教育系统中实行学术民主将会极大地激发师生员工的能动作用，使大家从信任中受到鼓舞，在学术自由这个平台上施展自己的才华，在学校的管理活动中真正成为中坚力量。

第二章
高等教育管理系统论述

第一节　系统理论概述

一、老、新"三论"

系统论、控制论和信息论是 20 世纪 40 年代先后创立并得到迅猛发展的 3 门分支学科。虽然它们仅有半个多世纪的发展，但是在系统科学领域中已是资深理论，人们习惯地把它们合称为"老三论"。又摘取"老三论"英文名字的第一个字母，把它们称为 SCI 论。

耗散结构论、协同论、突变论是 20 世纪 70 年代以来陆续确立并获得极快进展的又一系统理论的分支学科。它们虽然发展时间不长，却已是系统科学领域中的成员，合称为"新三论"，又称 DSC 论。

（一）系统论、控制论和信息论

系统论的创始人是美籍奥地利生物学家贝塔朗菲。系统论要求把事物当作一个整体或系统来研究，并用数学模型去描述和确定系统的结构和行为。所谓系统，即由相互作用和相互依赖的若干组成部分结合而成的具有特定功能的有机整体，而系统本身又是它所从属的一个更大系统的组成部分。贝塔朗菲旗帜鲜明地提出了系统观点、动态观点和等级观点。他指出复杂事物的功能远大于某组成因果链中各环节的简单总和，一切生命都处于积极运动状态，有机体作为一个系统能够保持动态稳定是系统向环境充分开放获得物质、信息、能量交换的结果。系统论强调整体与局部、局部与局部、系统本身与外部环境之间互相依存、相互影响和制约的关系，具有目的性、动态性、有序性等基本特征。

控制论是美国著名数学家维纳同他的合作者为适应近代科学技术中不同门类相互渗透与相互融合的发展而创立的。它摆脱了牛顿经典力学和拉普拉斯机械决定论的束缚，使用新的统计理论研究系统运动状态、行为方式和变化趋势的各种可能性。控制论是研究系统的状态、功能、行为方式及变动趋势，控制系统的稳定，揭示不同系统共同的控制规律，使系统按预定目标运行的技术科学。信息论是由美国数学家香农创立的，它是用概率论和数理统计方法，从量的方面来研究系统的信息如何获取、加工、处理、传输和控制的一门科学。信息就是指消息中所包含的"内容与知识"，用来减少和消除人们对于事物认识的不确定性。信息是一切系统保持一定结构、实现其功能的基础。狭义信息论是研究在通信系统中普遍存在着的信息传递的共同规律，以及如何提高各信息传输系统的有效性和可靠性的一门通信理论。广义信息论被理解为运用狭义信息论的观点来研究一切问题的理论。信息论认为，系统正是通过获取、传递、加工与处理信息而实现其有目的的运动的。信息论能够揭示人类认识活动产生飞跃的实质，有助于探索与研究人们的思维规律和推动人们思维活动的进化。

系统论、控制论和信息论发展到今天，已经并非过去的简单概念了。随着科学技术的发展和社会的进步，系统论、控制论和信息论被赋予了新的生命，仍然是我们研究分析事物的前提和工具，仍然被广大的科学技术工作者和管理工作者运用。

（二）耗散结构论、协同论和突变论

耗散结构论是比利时物理学家普利高津于 1969 年提出的。一般说来，开放系统有 3 种可能的存在方式：热力学平衡态、近平衡态、远离平衡态。耗散结构论者认为，系统只有在远离平衡的条件下才有可能向着有秩序、有组织、多功能的方向进化，这就是普利高津提出的"非平衡是有序之源"的著名论断。在长期的研究工作中普利高津发现，当一个远离平衡态的开放系统，由于受许多复杂因素的影响而出现非对称的涨落现象，达到非线性区时，它在不断与外界进行物质和能量交换的条件下，将可能发生突变，由原来的无序混沌状态自发地转变为一种在时空或功能上的有序结构。事物的这种在非平衡状态下产生的新的稳定有序结构就称为耗散结构。而耗散结构论则是探索耗散结构微观机制的、关于非平衡系统行为的理论。系统论所要寻求的也就是这种具有有序性的稳定结构。

协同论是 20 世纪 70 年代联邦德国著名理论物理学家赫尔曼·哈肯在 1973年创立的。他认为，自然界是由许多系统组织起来的统一体，这些系统就称为小系统，这个统一体就是大系统。在某个大系统中的许多小系统既相互作用，又相互制约，它们的平衡结构在协调与合作中由旧的结构转变为新的结构有一定的规律，研究这种规律的科学就是协同论。协同论是处理多因子、多系统的复杂系统中的矛盾的一种策略。协同论研究的目的是建立一种用协作统一的观点去处理复杂系统的概念和方法。协同论的重要贡献在于通过大量的类比和严谨的分析论证了各种自然系统和社会系统从无序到有序的演化是组成系统的各元素之间相互影响又协调一致的结果。它的重要价值在于,既为一个学科的成果推广到另一个学科提供了理论依据,也为人们从已知领域进入未知领域提供了有效手段。

突变论是比利时科学家托姆在 1972 年创立的。其研究重点是在拓扑学、奇点理论和稳定性数学理论基础之上,通过描述系统在临界点的状态来研究自然多种形态、结构和社会经济活动的非连续性突然变化现象。将耗散结构论、协同论与系统论联系起来,对超大系统进行研究和实施运作,因此对系统论的发展产生了巨大的推动作用。特别是在现代科学研究和发现的领域里,突变理论通过探讨客观世界中不同层次上各类系统普遍存在着的突变式质变过程,揭示出系统突变式质变的一般方式,说明了突变在系统自组织演化过程中的普遍意义;它突破了牛顿单质点的简单性思维,揭示出物质世界客观的复杂性。突变论中所蕴含着的科学哲学思想主要包含以下几方面的内容:内部因素与外部相关因素的辩证统一,渐变与突变的辩证关系,确定性与随机性的内在联系,质量互变规律的深化发展。突变论的哲学思维方式给我们以重要的启示,它与马克思主义、毛泽东思想有着相同之处。这一理论指出当能量达到一个峰值的时候,将会出现拐点,但也可能出现突变。

二、一般系统理论

亚里士多德早就说过"整体大于部分之和",这里面就有系统的观念,对系统的研究可以说从古代就已经开始了。一般系统理论作为现代系统论的基本思想,是由奥地利生物学家贝塔朗菲提出的,只不过它一开始从属于"机体生物学"。这是生物学中的有机论概念,强调生命现象是不能用机械论观点来揭示其规律的,只能把它看作一个整体或系统来加以考察。1968 年,贝朗塔菲发表了一般系统论的代表著作《一般系统理论—基础发展与应用》。经过发展,在当代,系统思想已经形成了一股重要的思潮,在政治、经济、军事、其他工程等领域中日益发挥着重大而深远的作用。

(一)系统的含义

系统论的内涵和外延在理论界现在说法不一。人们现在把系统论作为介于哲学和具体学科之间的科学来对待。它被用作比具体学科更一般化的科学理论加以研究，但又不同于哲学。现代系统论具有可否证性、抽象性、数理性的特点。贝塔朗菲把一般系统概念定义为"系统是处于一定相互关系中的与环境发生关系的各组成成分的总体"或"系统——由两个或两个以上的要素组成的具有整体功能和综合行为的统一集合体"。钱学森则把极其复杂的研究对象称为系统。

（二）系统的属性

系统具有整体属性，即非加和性。系统不是各部分的简单组合，而是具有统一性，各组成部分或各层次充分协调和连接，可以提高系统的有序性和整体的运行效果。

1. 系统的相关性

系统中相互关联的部分或部件形成"部件集"，各部分的特性和行为相互制约和相互影响，这种相关性确定了系统的性质和形态。

2. 系统的功能性

大多数系统的活动或行为可以完成一定的功能，但不一定所有系统都有目的。人造系统或复合系统都是根据系统的目的来设定其功能的，这类系统也是系统工程研究的主要对象。例如，经营管理系统要按最佳经济效益来优化配置各种资源；军事系统为保全自己、消灭敌人，就要利用运筹学和现代科学技术组织作战。

3. 系统的层次性

一个大的系统是由多个子系统组成的，这些子系统以层级的形态出现，因此，系统具有有序的层次性特点。如行政系统分为科、办、局、部、委等，军事系统分为排、连、营、团、师、军等，都是按照一定的规律，使系统表现出合理的层次性。

4. 系统的复杂性

物质和运动是密不可分的，各种物质的特性、形态、结构、功能及其规律都是通过运动表现出来的。要认识物质首先要研究物质的运动，而物质的运动使得系统的动态性表现出它的生命周期。然而，开放系统与外界环境有物质、能量和信息的交换，系统内部结构也可以随时间变化，这就造成了系统的复杂性。

5. 系统的适应性

一个系统和包围该系统的环境之间通常都有物质、能量和信息的交换，外界环境的变化会引起系统特性的改变，相应地引起系统内各部分相互关系和功能的变化。为了保持和恢复系统原有的相对稳定特性，系统必须具有对环境的适应能力。

（三）系统的分类

按系统的规模，可将系统划分为小型系统、中型系统、大型系统和巨型系统。按其组成要素的性质，可以划分为自然系统、人造系统和复合系统。

1.自然系统

原始的系统都是自然系统，如天体系统、海洋系统等，又如人的呼吸系统、消化系统、循环系统、免疫系统等。自然系统是一个高阶复杂的均衡系统，如因季节周而复始地变化形成的气象系统、食物链系统、水循环系统等。自然系统中的有机物和植物与自然环境保持了一个平衡态。在自然界中，物质流的循环和演变是最重要的，自然环境系统没有尽头，没有废止，只有循环往复，并从一个层次发展到另一个层次。从自然科学的认识论来看，这是遵循了一种物质不灭的规律，即使系统发生了变化，系统的物质还是存在的。

2.人造系统

人造系统是人类在生产生活中有意或无意形成或制造的系统，如航空系统、航天系统、交通系统、商业系统、金融系统、工业系统、农业系统、教育系统、文艺系统、军事系统等。人造系统是随着科学技术的发展、人类文明的进步而产生和发展的，生产力发展越快，人们越需要通过制造人造系统来为自己服务，或自然地生成一个人造系统。原始人类对自然系统的影响不大，但近几百年来，科技发展很快，它既造福于人类，又带来危害，引起了人们极大的关注。人造系统如果控制得不好，往往会对自然系统产生影响，例如，温室气体的无序排放，会对大气层产生影响，破坏臭氧层，使得地球的两极冰盖加速消融。当然，一般来讲，这种对自然系统产生影响的人造系统都有它极端的两面性，还有很多人造系统是一种中性的系统，如某些人文社会系统等。

3.复合系统

由两个以上的系统组成，它既可以是人造系统与人造系统的组合，又可以是自然系统与自然系统的组合，还可以是自然系统与人造系统的组合。一般来讲，系统工程研究的对象大多是复合系统。

封闭系统是一个与外界无明显联系的系统，环境仅仅为系统提供了一个边界，不管外部环境有什么变化，封闭系统仍表现为其内部稳定的均衡特性。在科学系统和生产系统中，密闭罐中的化学反应系统就是一个封闭系统，在一定初始条件下，不同反应物在罐中经化学反应达到一个平衡态，同样地，还有核反应堆系统。在某一个军事系统中，为了保密，它的内部也是一个极其封闭的系统。

　　开放系统是指在系统边界上与环境有信息、物质和能量交互作用的系统，如商业系统。在环境发生变化时，系统通过系统要素与环境的交互作用以及系统本身的调节作用，使系统达到某一稳定状态。因此，开放系统是自调整或自适应的系统。

　　封闭与开放的系统有时候也是相对的。有些系统可以说是相对的封闭系统或相对的开放系统，也可以说是部分的封闭或者部分的开放系统。

　　此外，还有实体系统和抽象（概念）系统。按学科领域还可以分为自然系统、社会系统和思维系统。按规模范围来划分，则有宏观系统和微观系统。按状态划分，有静态系统和动态系统。还有平衡系统、非平衡系统、近平衡系统、远平衡系统等。

　　（四）系统工程

　　一般来讲，系统工程是指要完成的某一项大的工作。从系统的思想和方法的角度讲，因为它具有一定的规模和复杂性，并且是一项工程，所以称这项工程为系统工程。一些科学家从管理的角度来讲，认为它是一种管理技术。这样，系统也好，管理系统也好，都是应用在管理活动中的。

　　因此，系统工程是从整体出发，运用系统科学合理地设计、开发、生产、实施某项工程的技术。它根据总体协调的需要，综合应用自然科学和社会科学中有关的思想、理论和方法，以数学与计算机科学为辅助工具，对系统的结构、要素、信息等进行分析，以达到最优规划、最优设计、最优管理和最优控制的目的。

　　系统工程以复杂的大系统为研究对象，是在20世纪40年代由美国贝尔电话公司首先提出和应用的。20世纪50年代，在美国的一些大型工程项目和军事装备系统的开发中，系统工程充分显示了它在解决复杂大型工程问题上的效用，随后又在美国的导弹研制、阿波罗登月计划中得到了迅速发展。20世纪60年代，我国在进行导弹研制的过程中也开始应用系统工程技术。到了20世纪70、80年代，系统工程技术开始渗透到社会、经济、自然等各个领域，逐步分解为工程系统工程、企业系统工程、经济系统工程、区域规划系统工程、环境生态系统工程、能源系统工程、水资源系统工程、农业系统工程、人口系统工程、教育系统工程等，成为研究复杂系统的一种行之有效的技术手段。

　　系统工程的应用十分广泛，主要有以下几方面。

　　（1）工程系统主要研究大型工程项目的规划、设计、制造和运行。

　　（2）社会系统主要研究整个国家和社会系统的运行、管理问题和可持续发展问题。

（3）经济系统主要研究宏观经济发展战略、经济目标与金融管理体系、宏观经济政策、投入产出等。

（4）农业系统主要研究农业发展战略、农业结构、农业综合规划等。

（5）企业系统主要研究工业结构、市场信息、市场营销、生产管理等。

（6）科学技术管理系统主要研究科学技术发展战略、预测、规划和评价等。

（7）军事系统主要研究国防总体战略、作战系统、情报通信系统、参谋指挥系统和后勤保障系统等。

（8）环境生态系统主要研究环境系统和生态系统的规划、建设、治理等。

（9）人才开发系统主要研究人才需求预测、人才结构分布、教育规划、智力投资等。

（10）交通运输系统主要研究铁路、公路、航运、空运系统的运输规划、调度、效益分析，以及城市交通网络优化系统等。

（11）能源系统主要研究能源结构、需求预测、能源发展战略等。

（12）区域规划系统主要研究区域人口、经济协调发展规划、区域资源最优利用、区域经济结构等。

第二节　高等教育系统

一、高等教育系统的概念

系统是由要素组成的具有特定的结构、性质、功能的整体，是宇宙间万事万物的一种存在形式。高等教育系统是由高等教育活动的主体，在一定的物质文化条件作用下，相对于高等教育活动的客体结成的具有特定功能和目的的有机整体。在理解高等教育系统的概念时，应把握几个主要的方面。

（一）高等教育系统是由多个要素组成的体系

前面我们分析过，系统由元素组成，是元素及其关系要素联系的总和。构成高等教育系统的元素有很多，但每个元素对于高等教育系统的意义不同。我们考察高等教育系统时并不能考察到它的全部元素，而是考察其主要元素。从微观高等教育管理来看，高等教育系统的组成要素主要包括教育者和受教育者，还包括教学内容和教学手段、教学条件、制度环境，也包括高校内部管理的行政部门。

（二）高等教育系统各要素相互作用并构成有机的整体

高等教育系统各要素之间存在着一定的有机联系，并在高等教育系统的内部形成一定的秩序和结构。高等教育系统各要素之间的关系决定了各要素在高等教育系统中的地位和作用。如高等教育系统中由教育者和受教育者的关系所构成的教学结构，这种对教学信息的传导结构决定了教育者和受教育者在教学过程中所处的地位和作用，其中，教育者起着主导作用，受教育者起着主体作用。

（三）高等教育系统是一个具有特定功能的系统

高等教育系统依其所具有的特定功能而存在。高等教育系统的功能是指其所具有的作用与效能，主要包括本体功能和社会功能两方面。本体功能是指高等教育促进个体身心和谐发展与个体潜能充分发挥的功能，社会功能是指高等教育促进社会政治、经济、文化发展的功能。高等教育系统的功能不仅决定于高等教育系统各要素所具有的功能，还决定于各要素之间的相互关系，即高等教育系统的结构。高等教育系统的要素功能及结构功能构成了高等教育系统的整体功能。

（四）高等教育系统处于社会大系统中

高等教育系统不是孤立存在的，而是在一定的社会环境中的，受一定环境的作用，又作用于一定的环境。高等教育系统是社会系统中的一个子系统，以社会系统作为其存在的环境，与社会系统中的政治、经济、文化、科技等子系统相互联系和相互作用，进行物质、信息、能量的交换，在交换中实现自身的功能，并反作用于社会的政治、经济、文化等子系统。

二、高等教育系统的构成

从宏观来看，高等教育系统是为了实现其特定功能而由各要素组成的整体，是一个复杂的大系统，包括若干子系统。依据职能的不同，可以把高等教育系统看作由高等教育行政系统与高等教育实施系统组成的结构系统。

（一）高等教育行政系统

高等教育行政系统是行使高等教育管理职能的各级政府机构的总和。各级高等教育行政机构依据社会政治、经济、科技、文化发展的需要，运用立法、拨款、规划、信息服务、政策指导等手段和必要的行政手段对高等教育事业进行宏观调控和管理。具体来说，高等教育行政系统的职能主要包括以下四个方面。

（1）通过规划与立法指导高等教育发展，使之与社会的政治、经济、科技、文化发展相适应，并确保高等教育在整个社会系统中的应有地位。

（2）通过经费筹措及拨款，解决高等学校部分办学经费，并体现政府对高等教育发展的导向作用。

（3）通过评估与监督，保证高等学校的办学方向、办学水平、办学质量。

（4）通过协调与指导，保证高等教育系统内部各个子系统间的相互配合和协调发展。

长期以来，我国高等教育实行"统一领导，分级管理"的领导管理体制，即高等教育由中央统一领导，中央和省、自治区、直辖市两级管理。具体来说，我国高等教育行政系统相应的组织机构包括：国务院教育部，各省、自治区、直辖市教育委员会，各省、自治区、直辖市有关教育厅（局）等。

教育部是我国教育事业的最高行政管理机构，隶属于国务院。它可以在权限内制定我国高等教育事业发展的方针、政策和重大行政措施，颁布规章制度和发布命令、指示。同时，它还直接管理少部分面向全国的、多科性、综合性的、具有重要影响的高等学校，这些学校称为教育部直属高校。

各省、自治区、直辖市教育委员会或教育厅（局）主管地方高等院校，同时对本地区的教育部直属高校具有一定的监管权。

（二）高等教育实施系统

高等教育实施系统是由具体实现高等教育功能的机构——高等学校所组成的系统。高等学校具体从事高等教育的实践活动，包括培养各类高级专门人才，开展科学研究，提供社会服务等。通过教育和教学为社会发展培养急需的各类专门人才是高等学校的使命所在，因此，培养人才是高等学校工作的基本出发点和终极目标。高等学校的教学、科研、行政、服务等各项工作都要围绕培养人才这个中心来开展。高等学校开展科学研究是科技、经济发展的需要，也是高等学校自身发展的需要。学科的发展为专业教育提供了先进的教学内容和条件。高等学校为社会服务是20世纪以来兴起的一种新职能，特别是在第二次世界大战后，高等学校直接为社会服务成为全球高校发展的共同趋势。高等学校为社会服务既是社会发展的要求，也是高等学校自身发展的需要，它推动了学校与社会、经济的密切结合，推动了高等教育的发展与社会的发展。高等学校职能的发挥直接决定了高等教育系统功能的实现。同时，高等学校本身所具有的特定职能决定了高等学校是一个相对独立的高等教育子系统，能相对独立地承担和完成一定的任务。所以，从这个意义上说，每所高等学校又都可以看成是一个高等教育系统。

在高等教育实施系统中，根据教育形式和受教育对象的不同，又可以分为普通高等学校系统和成人高等学校系统。普通高等学校系统包括综合型大学和理工院校、语言院校、师范院校、农林院校、医药院校、体育院校、财经院校、政法院校、艺术院校等相对单科或者多科的大学（目前，单科型大学基本向多科型大学发展），主要承担职前培养各级各类专门人才的任务。成人高等学校系统则包括广播电视大学、函授学院、职工大学等，主要承担在职培养各级各类专门人才的任务。

在高校系统的内部，一般包括两级教育机构层次，即校级和院（系）级。也有部分高等学校是三级教育机构层次，即校级、院级和系级。还有学部设置的大学，一般来讲，这类大学是以科研为主的大学，学术水平相对比较高，学术的影响力比较大。院（系）级单位是高等教育活动的基本组织形式，它把教学和科研活动结合在一起。校级层次则把各院（系）活动结合为一体，以实现一个学校的整体功能。有些大学的内部既有校院（系）两级管理，同时也存在校、院、系三级管理，可以说是一种混合模式。

三、高等教育系统的要素

高等教育系统是一个要素众多、层次复杂、关系错综、目标功能多样的系统。人们可以从不同的层次、不同的角度、不同的目的对它做出不同的划分，寻找出不同的要素，建构起不同的描述方式。但不论进行怎样的划分和抽象，也不论是从宏观整体的角度还是从微观局部的角度，高等教育系统都是人的活动系统，是以人的集合为主要构成要素的系统。因此，高等教育系统包含着高等教育活动主体、主体的实践活动、主体从事实践活动所凭借的条件等基本要素。

（一）高等教育系统的主体

高等教育系统的主体是指在高等教育系统中为实现系统的行为、目的、价值、功能而活动着的人，这里的"人"，或者是个人，或者是由个人组成的群体、组织。高等教育的主体是由人组成的，没有人就没有了教育。从这个角度讲，人是高等教育系统的主体这一点是毫无异议的。但在具体的高等教育系统中，由人构成的高等教育活动的主体却是极为复杂的，并不是任何人在任何条件下都能作为主体而存在。另外，在一定条件下，那些接受主体行为、成为动作承受对象的人就处于系统的客体地位。因此，此时的主体在彼时可能就是客体。在具体的高等教育系统中，具体的人或集团究竟是主体还是客体，要做具体分析。高等教育的主体包括：高等教育行政主体、高等学校办学主体、高等学校经营主体、高等学校教学主体、高等学校学习主体。

1.高等教育行政主体

高等教育行政主体是代表政府对高等教育活动行使领导管理权的政府教育行政机构，它依法拥有高等教育的决策统筹权。

2.高等学校办学主体

高等学校办学主体是指高等教育机构的创立者，或者是依法负责创立者所创立的高等教育机构的继任者，它依法拥有高等教育机构的产权。

3.高等学校经营主体

高等学校经营主体是指高等教育机构的具体经办、管理者，受办学者委托，全面负责高等学校的经营管理工作，它依法拥有高等教育机构的经营权。

4.高等学校教学主体

高等学校的教学主体是教育者。广义的教育者包括教师及教学辅助人员，狭义的教育者仅指教师。教师是高等学校中履行教育教学职责的专业人员，依法享有进行教育教学活动，开展教育教学改革和实验，从事科学研究、学术交流，参加专业学术团体，在学术活动中充分发表意见，指导学生的学习和发展，评定学生的品行和学业成绩等权利。

5.高等学校学习主体

高等学校的学习主体是学生。他们是身心发展已趋成熟的青年，是教育的对象，依法享有参加教育教学计划安排的各种学习活动，使用教育教学设备、图书资料，按照国家有关规定获得奖学金、贷学金、助学金，在学业成绩和品行上获得公正评价，完成规定的学业后获得相应的学业证书、学位证书等权利。

高等教育的多主体性决定了高等教育系统的复杂性、层次性和多功能性。

高等教育是一种培养高级专门人才的社会实践活动。在高等教育实践活动中，高等教育活动的主体一方面根据一定的目的、计划、意志、愿望作用于活动的客体，证实主体自身的存在和价值，同时又接受周围环境及客体对自身的影响，改变着自身的存在和价值。高等教育的实践活动使得高等教育系统的各种要素得以彼此结合，离开了主体的实践活动，高等教育系统的主体、客体、各种活动条件都将成为静态的、孤立的要素。因此，主体的教育实践活动是使构成高等教育系统的各种要素彼此结合起来的唯一途径和方式，唯有主体通过各自的实践活动，利用各种物质文化条件并同客体展开物质、能量、信息的交换，这些要素才能被有机地结合起来，成为高等教育系统中发挥作用的因素。通过实践活动，主、客体之间才建立起了丰富多彩的关系，从而使高等教育系统成为一个有机的整体。没有一定的关系，各要素只能机械地集合为一"堆"，不能形成整体性的行为和功能。因此，主体的实践活动及由此形成的关系本身就构成了系统的一种"要素"。

高等教育的主体要顺利、有效地从事高等教育的实践活动，必须依靠一定的物质文化条件。物质文化条件制约着高等教育系统与外部环境的关系，制约着高等教育主体之间的关系，制约着主、客体之间的关系，制约着高等教育活动的规模、形式和目的，制约着高等教育系统要素作用的发挥，从而制约着整个高等教育系统。物质文化条件对高等教育活动的制约最主要体现在物质生产水平决定了高等教育发展的速度和规模。进行高等教育活动需要巨大的投入，包括人力、物力、财力，这需要一定的经济发展水平做保证。一般而言，经济发展到什么水平，高等教育就发展到什么水平。物质文化条件对高等教育活动的制约还体现在学校的教学设施、仪器设备、教育教学技术手段等方面，这些都是科学技术和生产工具的发展水平在教育领域中的反映。把新的科技成果引进教育领域，把教育教学设备、教育教学手段建立在现代科学技术的基础上，将大大提高高等教育主体活动的效率。

（二）高等教育系统的客体

高等教育系统的客体是指高等教育系统中特定主体的实践活动所作用的对象。由于高等教育主体具有多样性，能够纳入高等教育系统的客体也是相当多样的。前面讲过，从高等教育主体之间的关系看，由于高等教育的层次性和高等教育主体之间关系的复杂性，高等教育活动主体和客体的区分是相对的。就具体的人或具体的系统来说，在一种关系、一种层次上是主体，在另一种关系、另一种层次上又可能是客体。如国家高等教育行政主体是教育部，省级教育委员会或教育厅（局）是接受国家教育行政领导的客体，但对于所属的高等学校来说，它又是高等教育行政的主体。高等教育系统主、客体区分的复杂性、相对性并不否认高等教育主体和客体区分的确定性，只要具体的范围、关系、系统确定，那么高等教育活动主、客体区分和确定的问题也就迎刃而解了。从高等教育的目的看，高等教育教学和学习的客体是知识，在高等教育系统中，知识以学科的形式存在。对教师来说，它是加工、整理、传授的主体；对学生而言，它是接受、理解、掌握的对象，是客体。

高等教育活动的客体虽然是作为被认识、被利用、被改造的对象进入高等教育系统，但它有自身存在和发展的规律。就学生与知识来讲，学生是主体，知识是客体，两者的关系是主体对客体的认知，主体的实践活动只有和客体的规律相一致、相符合才能实现系统的目的和功能。因此，主体必须把自己的目标、计划建立在对客体规律正确认识的基础之上。

上述高等教育系统的各个要素及其相互关系、规定、制约，保证着高等教育系统整体上的目标、功能和行为的实现。同样，高等教育系统整体上的目标、功能和行为也规定着系统的各个要素及相互关系。所以，高等教育系统就形成了特定的价值、规范和行为。

四、高等教育系统的结构

结构是系统内部诸要素相互联系和相互作用的方式。高等教育系统的要素按照一定的关系结合起来就形成了高等教育结构。高等教育结构是高等教育要素和高等教育系统的中间环节，是高等教育系统的存在方式，是高等教育系统能够成为整体而显示出有别于系统要素的性质、行为、功能的内在依据。我们所理解的高等教育结构应是那种使高等教育系统成为整体的高等教育要素之间的相互关系。这里所说的高等教育要素既可以指我们前面所说明的构成高等教育系统的那些基本要素，也可以指由那些基本要素构成的高等教育系统和高等教育活动。高等教育系统是一种极为复杂的系统，存在着大量的要素，各要素之间存在着各种各样的关系，因而高等教育结构也是极为复杂的。可以从实践和认识的不同目的出发对高等教育系统进行不同的结构分析，概括出不同的结构要素和结构关系，形成不同的结构模型。在此，我们把高等教育结构分为宏观结构和微观结构。

（一）高等教育的宏观结构

高等教育的宏观结构是指由高等教育系统中有关要素连接而成的，事关高等教育整体的结构，主要包括体制结构、形式结构、科类结构、层次结构等。

1.高等教育的体制结构

高等教育体制结构是指高等教育机构的设置，隶属关系、管辖权限以及与之相适应的各种法令、法规、制度、条例等的构成状态及其作用方式。它反映了高等教育行政主体、办学主体、经营主体三者之间的关系。高等教育体制结构是国家政体结构的一个组成部分，主要受国家政治制度、国家政体形式、生产资料所有制形式及民族文化传统的制约。在不同的国家，高等教育体制结构的表现形式不同，通常人们把当前世界各国高等教育的体制结构划分为三种模式：第一，集权型高等教育体制结构。这是一种高等教育完全由国家举办，高等教育系统的决策权高度集中于系统最高层——中央政府，由中央政府通过一定的计划、法律、命令、拨款、监督和行政手段来直接调节高等教育系统的管理体制。第二，分权型高等教育体制结构。这是指高等教育系统的决策权力不集中在中央政府，而是由地方政府或利益集团来独立行使高等教育决策权的一种管理体制。第三，混合型高等教育体制结构。这是一种由中央政府和地方政府或者社会集团参与，共同承担发展高等教育的责任，双方均享有高等教育的决策权，共同管理高等教育的体制结构。

2.高等教育的形式结构

高等教育的形式结构主要是指高等教育系统中按办学形式和办学主体的不同而划分的高等学校接受教育者的构成状态。高等教育形式结构涉及：第一，全日制、半日制和业余高等教育等办学形式之间的比例及其联系方式，包括全日制大学、业余大学、函授大学、自学考试等。第二，国家办、地方办、民间办、私人办等高等学校之间的比例及其联系方式。高等教育的形式结构由国民经济的消费和分配结构以及国民经济中生产资料的所有结构所决定，同时也与科学技术的发展有着紧密的联系。世界各国的高等学校，根据办学主体的不同，可概括为公立高等学校和私立高等学校两种类型。由于各国公立、私立高等学校数量和在校学生数的比重有着显著差异，因此高等教育的办学形式结构呈现出三种模式：第一，私立主导型办学形式结构。其特征是在整个高等教育系统中，私立高等学校及在校学生数所占比重居优。第二，公立主导型办学形式结构。其特征是在整个高等教育系统中，公立高等学校及在校学生数所占比重居优。第三，双轨型办学形式结构。其特征是在整个高等教育系统中，公立、私立高等学校及在校学生数所占比重比较接近。

3.高等教育的科类结构

高等教育的科类结构是高等教育系统不同学科及受教育者的构成状态，是高等教育系统培养人才的横向结构，反映了社会职业分工对人才种类的要求。由于各国职业分类的差异，高等教育科类结构的划分也不尽相同。如法国将高等教育学科分为法学、经济学、人文科学、自然科学、医药科学、工程科学、农业科学7大类。我国高等教育学科则分为文科、理科、工科、农林、医药、财经、政法、师范、体育、艺术、管理等类别，同时我国又按照哲学、经济学、法学、教育学、文学、历史学、理学、工学、农学、医学10个学科门类授予学生学位。高等教育的科类结构主要受制于国民经济的产业结构，与就业结构也有密切关系。

高等教育系统中每一科类或专业的招生数、在校学生数、毕业生数只有与同期产业结构对不同种类、专业的高级人才需求数量相适应，才能保证国民经济的发展。

4.高等教育的层次结构

高等教育的层次结构是指在高等教育系统中，不同程度和要求的教育水平及其受教育者的构成状态，是高等教育系统培养专门人才的纵向结构，反映了社会分工对人才层次、规格的要求。对于高等教育层次的划分，有人以学位层次的递进为依据把高等教育层次结构划分为学士、硕士、博士。美国的高等教育划分为6个层次：授予准学士学位的初级学院教育，授予学士学位的4年制学院教育，分别授予硕士学位、研究生中间学位、博士学位的3种研究生教育，以及博士后研究。我们一般习惯于把高等教育系统划分为专科教育、本科教育和研究生教育3个层次。高等教育的层次结构主要受制于国民经济的技术结构，国民经济技术结构反映了社会生产力发展水平。高等教育系统中每一层次的招生数、在校学生数、毕业生数只有与同期国民经济技术结构对不同层次专门人才的需求数量相适应，才能保证高等教育系统促进经济发展的功能的实现。

（二）高等教育的微观结构

一般来讲，高等教育微观结构是指由高等学校内部有关要素连接而成的，事关学校内部活动的结构，主要有高等学校组织结构、高等学校师资结构、学校的教育结构、学科结构等。

高等学校组织结构指高等学校内部各种组织要素之间的构成状态。有人认为组织结构包含了5个基本要素：纵向层级，平行的单位和部门，职位的任务、责任和义务，直属机关和领导机关。组织结构的设计直接关系到高等学校效率和效能的发挥。

高等学校师资结构是指高等学校教师群体中职务、学历、年龄等因素的构成状态。教师队伍的结构很大程度上反映着教师队伍的整体素质和适应能力，合理的师资结构有利于发挥教师群体的优势，最大限度地实现高等学校教书育人、创造科学技术成果的职能。高等学校主要的师资结构包括四方面。第一，教师职务结构。这一结构指教师群体中各级职务教师的构成状态，高校教师职务分别是教授、副教授、讲师、助教。高校教师职务结构是衡量教师队伍业务能力和水平，反映教师队伍整体素质的一项重要标志。第二，教师学历结构。这一结构指教师队伍中各级学历教师的构成状态，它在一定程度上反映出教师的教育训练水平和学术发展潜力。因此，高校一般对教师的学历或学位有着很高的要求。第三，教师年龄结构。这一结构指教师队伍中各级职务教师的平均年龄和各年龄段教师的构成比例，它反映了教师队伍整体教学科研的活力和兴衰趋势。第四，学缘结构。这一结构指师资队伍中的成员相互的关系。在一个学科群中，有大量的近亲繁殖，如果摆脱不了师生关系的束缚，摆脱不了学术环境的束缚，就不利于学科的发展。总之，合理的师资结构可以使教师队伍的整体素质和适应能力处于最佳状态，发挥最佳的教育、科研功能。

学校的教育结构是教育主管部门根据学校的资源状况规划确定的。学科结构是学校在长期的办学中培育和形成的。

五、高等教育系统的特性

高等教育系统的基本特性是指高等教育系统中各个元素与系统整体及环境之间在相互联系、相互作用中表现出的固有属性，它是高等教育系统存在的一般特性。

（一）高等教育系统的整体性

从宏观高等教育管理来看，高等教育系统的整体是指高等教育的整个行政系统、实施系统。从微观高等教育管理来看，高等教育系统主要是由教育者和受教育者等要素构成的整体，是具有特定功能的整体。高等教育系统的整体性主要表现在高等教育系统整体的不可分性。高等教育系统的要素不能脱离系统的整体而存在，要素是系统中的要素，而不是单独存在的要素，只有存在于一定的系统中，要素才具有它的功能。

1.高等教育系统功能的整体性

高等教育系统的功能是以其整体功能而论的，而不以其某一要素的功能而论。高等教育系统的整体功能不等同于要素的功能或要素功能的简单相加。各个要素只有在系统整体功能目标的指导下，以合理的方式相互联系在一起并充分发挥各自的功能，才能保证高等教育系统整体功能的实现。

2.高等教育系统整体的放大性

要素的功能可以在系统中得到放大，教育者个人的特长可以在高等教育系统中得到发挥和发展。学术带头人可以在教师群体中发挥自己经验丰富、学识渊博、思维敏捷的优势，带动整个学术群体发展壮大。

（二）高等教育系统的关联性

高等教育微观系统的关联性主要是指教师群体的变化（如年龄、职称结构、学术水平、教学能力等）必然影响到整个高等教育系统整体功能的发挥，同样，学生群体、管理人员群体的变化也会影响到高等教育系统整体功能的发挥。而各群体在性质和功能上的变化也会影响和制约其他群体活动的开展和功能的发挥，教师群体的学术水平对学生群体的学习质量有着直接的制约和影响。高等教育系统的关联性正是体现于系统与要素之间、系统各要素之间相互依赖、相互制约的关系中。因此，在高等教育改革中，任何决策与措施都应该纳入系统的研究之中，要考虑到高等教育系统各要素之间的相互依赖与相互制约。也就是说，高等教育的改革要"配套"进行，不管是全国范围、全地区范围还是全校范围的高等教育改革都应如此。

（三）高等教育系统的目的性

高等教育系统因一定的社会需要而产生，为满足一定的社会需要而存在。无论是哪一个历史阶段或哪一种性质的社会，高等教育系统都有明确的目的。高等教育系统的目的由社会系统规定。社会的发展对高等教育的发展提出了要求，并为高等教育的发展提供了可能。高等教育系统目的的实现又为社会的发展创造了条件。同时，高等教育系统目的的实现还受到高等教育系统内部各种因素的影响，包括教育者的水平与素质，受教育者的接受能力及相关的物质条件，这些因素都在一定程度上促进或延缓高等教育系统目的的实现。高等教育系统为一定的目的而存在，因此，高等教育的目的是高等教育系统一切活动的出发点和归宿。从高等学校的管理方面来看，这种目的性表现为在建立一所高等学校之初就明确规定了培养目标和主要发展方向，学校的一切教育活动必须紧紧围绕这一目标展开，不能偏离目标和方向。在评估高校教育工作的优劣成败时，也应以初始的目标为依据。这样，就可以以目标为准绳，将学校的教育活动控制在向着目标不断前进的轨道上。高等学校教育系统为实现其特定的目的而形成了一个以教育者和受教育者为主要构成要素的系统，人具有主观能动性，只有把系统的目的与个人的目标有机地结合起来才能更大限度地发挥高等教育系统的功能。

（四）高等教育系统的有序性

凡是系统都有结构，结构应该是有序的。高等教育系统的有序性表现在高等教育系统的层次上。从总体上看，高等教育系统有宏观、微观之分，在微观领域中还有院、系、教研室等层次。由于高等教育系统中层次的普遍性，高等教育系统概念的本身也就具有层次性。高等教育系统有大系统、子系统等区别。高等教育系统相对于教育系统来说是一个子系统，而相对于具体某一所高等学校来说它又是一个大系统。因此，高等教育系统中的大系统或子系统是相对的，子系统又由更小的子系统所构成。高等教育系统的层次性决定了高等教育系统应该是有序的。一些系统处在较高层次上，居于支配地位；一些系统处于较低层次上，处于附属地位。正是各个子系统在整个高等教育系统中所处的地位不同、任务不同，才形成了整个高等教育系统的结构，使得大系统能够协调和控制各子系统的活动。高等教育系统的有序不仅表现为构成系统的各个子系统处于不同的地位，形成不同的层次，还表现为系统的结构确定后，高等教育系统中的物质、信息和能量按照一定的通道有秩序地流动。例如，在高等教育的招生工作中，上一级教育主管部门把招生计划下达给各个高校，各高校再把招生计划分配下达给各个院系。此外，高等教育系统中处在同一层次的子系统也按一定的方式进行物质、信息、能量的交流。如校际教师的流动和学术交流，高校中各系学生跨系选课等。高等教育系统的有序性是使其作为一个整体发挥功能的重要保证。如果高等教育系统内没有一定的秩序，高等教育"整体大于部分之和"的功能就不可能产生。这就要求我们在管理工作中设置合理的组织机构，健全各种规章制度，使各项工作有法可依，有章可循，落到实处，从而保证高等教育系统功能的发挥。

（五）高等教育系统的适应性

任何系统都存在于一定的环境中，不能脱离环境而独立存在。高等教育系统也是这样，不能脱离政治、经济、科学技术、文化等社会环境的因素而独立存在。它同社会之间有着物质、信息和能量的交换，不断地从社会环境中得到人、财、物的支持，又不断地为社会提供专门人才、科技成果的直接服务。社会的政治、经济、文化、科技的发展必然引起高等教育系统规模、结构、质量和发展速度等方面的变化。因此，高等教育系统必须适应外界环境的变化，否则就不能继续存在和发展。从这个意义上说，现存的高等教育系统或多或少地具有环境适应性，只是对环境中各种变化的适应能力各不相同而已。迅速而灵活地适应环境的变化是高等教育系统持续不断发展的必要条件。高等教育系统要做到这一点就必须成为一个动态的、开放的系统，经常改变自身系统的结构，以适应外部环境变化的要求。

高等教育要适应外界环境的变化，促进社会的发展，从这一点上讲，还必须充分地考虑到高等教育系统反映的滞后性这一自身特有的现象。从教育功能来讲，高等教育系统中教育教学系统的功能是造就人才，而人才的培养和成长有一个过程，需要一定的周期，这就是所谓的"十年树木，百年树人"。培养一个高级专门人才，从高中毕业到大学毕业需 4 年左右的时间，如果到研究生毕业，所需时间就更长。社会和人才市场今天急需的人才，几年后才能培养到位，这就是人才培养的滞后性。高等教育的这种滞后性，要求人才培养有一个提前期，这样才能与社会和人才市场的需要相适应。同时，高等教育教学系统培养出来的人才进入社会和人才市场后，并不能立即发挥其全部作用，所学的知识也不能立即全部投入使用，需要有一段时间才能逐渐成熟，逐渐适应工作岗位的要求，这是人才使用的滞后性，这种滞后性要求社会上的人才有一定的储备。高等教育教学系统的滞后性要求高等教育加强计划与预测工作，通过人才需求预测，了解社会政治、经济、科技、文化发展对高等教育教学发展的需求；通过决策修正高等教育教学系统发展的目标，调整系统内部的结构，扩展系统自身的功能，最大限度地实现高等教育教学系统与社会环境的协调发展。

第三节　高等教育管理系统

一、宏观高等教育管理系统

宏观高等教育管理系统是根据宏观管理的功能要素形成的。宏观高等教育管理的系统结构主要是对高等教育发展战略、高等教育组织办学方向、学科发展、教育质量等的规划和控制管理，主要是高等教育的行政管理。高等教育行政管理是国家教育行政部门依据高等教育发展的规律和国家高等教育的目的，有计划地协调整个高等教育系统的各种关系和资源，确保国家培养高层次人才目标实现的过程。高等教育行政管理解决的是政府教育行政部门和高校之间的关系问题。它是高等教育管理中具有全局性的组织制度，具体包括机构设置、责权划分、领导关系以及管理方式（如行政的、法律的、经济的）等。同时，它也是决定高等学校管理的前提，规定了行政部门和高校的工作职责和管理范围。在我国，高等教育行政管理是国家教育行政的重要组成部分，是国家教育行政机关为实现高等教育的目的，使高等教育有组织、有系统地开展，依法对各类高等教育事业和所属高等教育机构进行的经济而有效的领导和管理活动。具体地讲，高等教育行政管理的结构含义及内容主要包括以下五方面。

（一）高等教育行政管理是国家的一种专业性行政管理

不同于一级政府的"一般行政"或"普通行政"，作为国家一级管理的专业机构，其职权由宪法规定，在它所属的行政范围和区域内统一领导各种教育职能机关的工作。其行政活动带有全面性和综合性。

（二）高等教育的两级行政管理

高等教育行政活动的主体是国家和地方政府的教育行政机关，即中央教育行政机关和地方教育行政机关。中央教育行政机关和地方教育行政机关是领导与被领导的关系，地方教育行政机关接受上级教育行政机关和本级政府的双重领导。同时，地方教育行政机关又对本地方的教育组织行使宪法赋予的管理权，本身具有一定的自主权。

（三）高等教育行政活动的客体是各类高等教育事业和所属高等教育机构

高等学校的举办者因从事教育活动而成为高等教育行政的客体，因接受了高等教育或参与了高等教育活动，有人把受教育者称为高等教育行政的客体，这是值得研究和思考的。如果我们把高等教育的接受者作为客体的话，从关系来讲，接受者是获得方、被动方。但目前，高等教育的接受者已经开始对高等教育进行投资，国家义务教育阶段后的教育都是具有投资成本的教育，因此，主体与客体的关系正在发生一些微妙的变化。

（四）高等教育行政管理的目的

高等教育行政管理的目的是实现国家法律规定的教育目的，保障公民接受高等教育的基本权利，提高全民族素质，培养国家所需要的各类专门人才。因此，国家对高等教育具有管理的权利，但更多的是具有管理的责任和服务的义务。高等教育行政应当为实现高等教育目的创造必要的条件，保证高等教育事业的发展和教育改革的成功。

（五）高等教育行政管理的手段和方法

高等教育行政管理的手段和方法在于通过实施《高等教育法》和有关的法律法规、教育政策等来规范高等教育行为，使高等教育活动有组织有系统地展开，经济、规范而有效地运行，保证国家高等教育目标和任务的实现。

从高等教育行政管理国际比较的角度看，高等教育行政管理体制并非空中楼阁，它是在本国的国家体制、社会背景、经济基础以及历史传统的基础上发展起来的。因此，不存在哪一种模式比另一种模式更好的问题，只存在哪一种模式更适合国情的问题。在我国，高等教育行政管理应该注意两个方面：一是应该实行统一领导、宏观指导、分级管理的管理体制。在现有综合国力的条件下，要取得教育事业的更大发展，高等教育行政管理必须实行统一领导，在加强中央宏观控制和指导的同时，真正地把发展多样性高等教育（如部分以面向地方服务为主的普通高等教育、高等职业教育等）的责任和权力交给地方，调动社会各方面办高等教育的积极性，形成分级管理、分级办学的严格体系。二是高等教育行政管理应该法律化和民主化。高等教育行政管理体制改革的主要问题不单单是一个管理权限下放调整的问题，而是在于制定和有效地执行《高等教育法》及相关法律法规。我们要发扬我国高等教育管理中的一些好的做法（如民主集中制原则），同时借鉴高等教育管理中的业务咨询、管理监督等服务性功能，这样才能有效地提高高等教育行政管理的质量、水平和效益。高等教育的行政管理主要体现为教育部和地方教育行政部门有关司、局、处等职能机构对高等教育组织进行管理，这些方面的管理就构成了高等教育行政管理的下位概念，这些下位概念的整合构成了高等教育行政管理的全部内容。具体的管理内容包括：申办高校审批的管理、学科专业设置的管理、学位与毕业证书的管理、办学方向的管理、高校领导班子的管理、办学规模与层次的管理、办学经费的管理、教育质量的管理、科学研究的管理、招生与就业的管理、政治与国防教育的管理等。当然，高等教育行政管理的下位概念有些也可以说是中观管理概念。既然有下位概念的话，那么上位概念是什么呢？是否指一个国家和地区的高等教育战略的管理？这种战略管理的含义大致有这么几个方面：第一，各时期国家高等教育发展目标与发展规划的管理；第二，国家高等教育布局、区域发展的协调管理；第三，国家高等教育发展的调控管理，包括政治方向、教育立法、教育发展（层次、规模、速度）、国家教育投资等的管理。

其实，宏观高等教育管理系统的表现形式是比较简单的，从系统的性质来看，它主要实施的是规划、决策和监控。规划和决策是一种行政权力性的组织管理活动，是利用专家系统和组织系统按照政策法规办事就可以解决的问题。而监控要涉及具体微观管理活动的方方面面，比如有时间、程序、规范、机制等各方面的管理活动，因此，它有必要成为一个系统。所以，宏观高等教育管理系统主要表现在战略规划与监控调节方面，而管理活动重要的一方面则是反映在监控系统运行的好坏，因为监控的结果直接影响规划和决策的落实。

相对微观高等教育管理系统，宏观高等教育管理系统结构是上位；毫无疑问，上位系统改变或者出现问题，下位系统也必然会出现变化或者问题。从国家的层面上讲，由于体制的原因，特别是宏观高等教育行政管理，宏观系统的权力强度太大，这种系统的行政功能也就大，因此，对于上位系统作用认识的重要性再怎么看重也不过分。现代宏观高等教育管理系统的研究表明，系统中的行政功能要逐步弱化，要逐步加入一些社会的元素使其参与到高等教育的宏观管理中，使高等教育的宏观功能发生变化，向着有利于微观高等教育管理系统的方向生机勃勃地运行，挖掘微观高等教育管理系统的最大潜力，使微观高等教育管理功能发挥到极点。当然，这种系统功能的转变要有一个过程。

二、微观高等教育管理系统

微观高等教育管理系统结构是根据管理的功能要素形成的。微观高等教育管理是指实施高等教育活动的高等教育组织，依据高等教育目的和高等教育发展的一般规律，有意识地调节组织内外的各种关系和资源，有效地达到既定的高等教育系统的目的的过程。它是高等教育管理系统的主系统，作为高等教育的主系统，它所涉及的高等教育管理活动可作为性强，因此是我们研究的重点。本书的高等教育组织主要是指高等学校，但不应该只是高等学校，因为高等教育组织除了高等学校外，还有高等教育科研机构、高等教育咨询服务机构等其他组织。不过，现行的这一类研究一般是指高等学校组织管理的研究，以及由此形成的高等教育管理系统的研究。

（一）高等学校内部管理的依据

1. 高等教育组织运作的一般规律

高等教育组织运作的一般规律包括两个方面：一是高等学校的办学与经济社会协调发展的规律，有人称之为高等教育发展的"外部关系规律"。具体讲，教育的规模、结构、质量通过人才培养、科学研究的社会效益反映出来，高等教育组织要在高等教育行政管理之下有效地发挥自己的职能，具体表现在与系统的关联性和与外部的适应性上。二是高等教育活动与学校客观功能的发挥相适应的规律。学校的社会定位确定了这所学校的功能，这就是学校的客观功能。培养各级各类高级专门人才的教育功能是大学的核心功能，同时，对于研究型大学，还有科学技术创新、知识创新的功能。作为教育，有利于学生身心发展是最基本的规律；作为科学研究，还要遵循学科发展与研究的一般规律；作为学校内部的管理，还要遵循大学组织管理中人、财、物等资源利用的规律。这些被称为高等教育组织的"内部关系规律"。

2.高等教育的目的是高等学校管理的依据

高等教育最根本的目的是培养社会主义的建设者和接班人以及各级各类高层次专门人才，高等学校的一切教育活动都应围绕这一目的展开。因此，高等学校管理必须依据这一目的，实施符合教育规律，有中国特色、学校特点的管理方式。高等学校的教学管理、科学研究与学科专业建设管理、学校党务管理、学校行政管理、学校后勤管理等都必须围绕这一目的开展，否则就会失去目标，偏离方向。

（二）高等学校内部管理系统

高等学校内部管理系统可以分为行政管理系统、党务管理系统和后勤管理系统。行政管理系统主要是日常的人、财、物等教育资源的管理调配，各项行政活动的计划、组织、协调、监督管理。党务管理系统是关系学校办学方向，体现党对基层组织的领导的保障系统，主要通过思想政治、宣传、社团（工、青、妇）等工作，调动各方积极性，促进学校办学目标的实现。后勤管理系统是支撑学校生活服务保障的系统，是学校的三大系统之一。即使通过后勤社会化改革后大学组织内部的后勤功能已经慢慢弱化，但在当前这一系统仍然具有很重要的作用。

1.行政管理系统

学校的行政及其直属部门管理系统可以分为4个层次。第一个部分为教学、科研管理系统。它是学校行政管理系统中的两个主要的子系统，之所以说它是主要的两个管理系统，是因为它是学校管理最主要的功能性系统，包括教育性功能和科学研究性功能。第二个部分就是支撑这两个功能实现的子系统，即人力资源管理系统、财务管理系统、资产管理系统和学生管理系统。第三个部分为行政协调和监督系统，即学校办公室、监察审计部门等。第四个部分是根据学校的发展需要设置的行政直属部门以及某些临时部门。

（1）教学与科研管理系统

高等学校教学管理是指高等学校在一定的时间和空间中，为了实现一定的教学目标，合理有效地调配高等学校中的人、财、物，特别注重管理活动中管理工作者、教师、学生能动性的发挥，以保证教育教学及人才培养的质量，最终达到教育教学目标的行为过程。

目前，我国大学设置的教学组织是院、系，系下设教研室（组），系、教研室（组）是教学活动具体的执行组织，是最基层的行政组织。有的大学是以学科专业来设置教学组织的，通过学科带头人来行使组织管理及实施教学工作的职能。学校内部的教学组织系统一般是由学校的职能部门教务处和院、系下设的教研室（组）组成的，一般大学为校院（系）两级管理。

教务处在主管校长的领导下协调全校的教学活动，通过制度进行管理，是学校教学管理的职能部门，其主要工作职责有：

第一，专业和人才培养计划的管理。根据学校的发展规划和发展定位，论证和申办新专业，调整旧专业。按照专业培养的目标要求，制订人才培养计划。

第二，组织教学计划的实施，进行教学的日常管理。修订年度教学计划，修订课程教学大纲，提出课程教学要求。下达年度教学计划，编制校历，协调教学资源，按照教学环节的目标要求进行过程管理。

第三，教学制度的管理。制定教学的各项规章制度，包括教学管理人员、教学人员的管理制度，各教学组织单位的管理制度，学生学习的管理制度，学业及学位、毕业证书的管理制度，与教学相关的其他制度等等。

第四，教学质量管理。对各个教学环节进行过程控制，组织期中教学检查，组织年度教学工作考核，确保教学活动的正常进行。开展教学研究，建立和完善教学管理的有效工作机制；促进教学质量的提高。开展品牌专业、精品课程的评估评选活动，保证专业人才培养的质量。

教学院（系）落实学校下达的各项教学任务，具体实施本院（系）专业的教学活动。以教书育人为目的，调动本院（系）教师与学生共同参与教学的积极性，把人才培养质量的具体指标落到实处，把教学的投入产出工作做到实处，履行好院（系）的责、权。

学校的专业建设是保证教育教学质量的重要手段。学校的专业建设主要是专业教育的建设，具体反映在人才规格要求、课程结构、教材及课程内容、条件平台、教学方法及手段、师资队伍等方面。它根据社会对人才的要求，不断地调整人才培养的目标，不断地更新教育教学内容，不断地改进教育教学方法，优化课程设置，形成合理的课程结构与体系。同时，它与学科建设一样，最核心的也是师资队伍建设的问题。

教学管理是高校人才培养重要管理的组成部分，是在教学活动过程中实现的。实施教学质量管理和制定科学的教学管理制度，形成全方位的质量保障机制，是高校教学活动成功与否的关键。

高等学校科研管理是与学科建设相关联的，是指高等学校在特定的时空范围内，依据科技发展和高校科研的特殊规律，为实现特定的科研创新目标，合理有效地调配人、财、物，以适应高等学校内外环境的变化，最终达到科研目标的行为过程，并由此形成了科研管理系统。我国高等学校的科研管理工作，由校（院）长或主管科研工作的副校（院）长负责，主管全校科研工作的职能部门是科研处。各院（系）分管科研工作的领导，根据学校的科研目标任务，有步骤地实施科研计划。

科研处的工作职责主要包括：

第一，科研计划管理。编制科研中的长远计划，制订近期工作计划。

第二，科研组织与制度管理。代表学校制定科研管理政策，组织申报各级科学研究项目，组织评审科研成果，组织科研成果奖励的申报，组织科学技术成果的推广，组织科研信息及学术的交流，开展科研的信息服务。

第三，其他管理。包括学术委员会或科学委员会的组织服务工作，专利事务的日常工作，协调科研团队培育科研创新的工作，科研事务的其他工作等。

院（系）主要是根据学校科研目标的总体要求，分步实施科研计划，较好地完成与学校对院（系）的科研投入相匹配的产出。

（2）教学科研的主要支撑系统

第一，人力资源管理系统。它是指组织或社会团体运用系统学理论方法，对组织的人力资源的方方面面进行分析、规划、实施和调整，对人才进行引进、使用、培养、考核、晋升等，通过制度进行调配，提高人力资源管理水平，使人力资源能够有效服务于组织或团体目标。

第二，财务管理系统。它通过预算、决算和财务制度的管理，量入为出，增收节支，对各项财务的支出进行有效的控制和管理。大学内部的财务管理有的实行的是学校高度集中管理，有的实行的是两级管理，学校的经营部门实行的则是独立核算的管理方式。

第三，资产管理系统。现代大学的资产管理分为有形资产和无形资产。有形资产是实物性资产，它包括地产、房产、教学科研仪器设备、生产生活设备等。无形资产则是包括学校的校名、学校在多年的办学过程中形成的文化品牌、科学技术的发现发明创造以及注册的商标等知识产权方面的资产。

（3）行政协调和监督系统。一般学校的学校办公室、监察审计部门等是学校的行政协调和监督部门，由此组成行政协调和监督系统。

（4）行政直属系统。根据学校工作要求的不同，学校设置的发展规划部门、政策法规部门、教育研究部门、图书馆、期刊社，以及其他直属部门等构成学校的行政直属系统。

（5）其他系统。有的学校设有专业的、临时的直属管理部门，如考核评估直属部门、学科建设办公室、"211"办公室、学位管理办公室等，也有的学校将这些单位挂靠在某个职能部门。

2.党务管理系统

党务管理系统是国家为了对大学进行政治领导，根据工作职能所设置的党务工作机构，并形成一套管理系统。通过党的组织部门、宣传部门、纪律检查部门，保证中国共产党对大学的绝对领导，保证大学的办学方向，保证大学把党的办学方针政策落到实处。通过工、妇、青等社团组织，调动广大教职员工的办学积极性，为完成学校的发展目标做好政治思想保障工作。

除了学校一级的党务工作部门外，学校还在院（系）和有一定规模党员人数的单位设立党的基层组织，如党的总支委员会、党的支部等。

3.后勤管理系统

高等学校后勤管理是指依据后勤社会化的一般规律和高等教育培养人才的特殊规律，通过调节高校内外部相关的后勤资源，最终为培养人才的教育目标服务的行为过程。后勤管理系统由日常生活生产服务、基本建设与维修等部门构成，也称后勤服务系统。

我国目前大多数高校的后勤工作实行甲乙方模式，由后勤集团、基建维修部门、其他服务公司等组成后勤服务系统，实行公司化运作。学校分管校长通过后勤管理的后勤处作为学校的甲方代表，提出学校后勤工作的目标任务；后勤服务公司采取协议的形式、招标的方式得到服务项目，进行有偿服务。

随着经济和政治体制的改革，高等学校后勤社会化正在不断地深化、配套和完善。高校后勤管理改革的根本目的是理顺高校的职能，使高校做自己应该做的事，改变过去高等学校办社会的局面，把社会该做的事情让给社会去做，减轻学校的负担，使学校轻装上阵，履行好自己的职能。后勤服务工作为学校的教学、科研等各项工作提供服务，以提高高等学校办学效益为目的。为保证高校后勤管理社会化的具体实施，在经费上要采取定额承包的形式，组建自负盈亏、独立核算的经济实体。我国大学传统的后勤管理机构主要是各级行政领导通过行政命令的方式进行管理，组织活动经费从行政事业费中统一下拨，是一种"供给制"。在市场经济条件下，必须发挥组织机构的效能，其原则是政企分开。后勤服务机构可以分成两种不同性质的类型：第一种是后勤行政管理部门。负责对大学后勤日常行政进行管理，制订、执行后勤实施计划，接受上级监督、检查，根据规章制度行使日常管理的权利。第二种是经营性质的服务或生产型经济实体。按照所有权、经营权适度分离的原则，这些实体以经营为主，自负盈亏，独立核算，享有独立的法人地位。后勤服务活动的多样化要求组织管理的标准化、规范化，制定一系列相应的后勤管理规章制度是后勤改革的需要。

4.其他管理系统

根据学校功能和性质的不同，学校可以选择多样的管理模式，因此，我国大学目前的内部管理模式呈现出多样化趋势，出现了一些新的管理系统。

（1）学科建设系统

有的高校重视学科建设的工作，成立了校院（系）两级工作管理部门，形成专门的学科建设与管理系统。学科建设是一个比较复杂的系统工程，并且是一项长期的工作。人们一般把学科建设作为高校工作的龙头，一流的学科专业水平就有可能培养出一流的学科专业人才。学科水平的标志是科学研究的水平，科学研究的成果和水平直接反映学科的水平。科学研究依托于学校的三大建设：一是学科专业队伍建设，二是科学研究平台建设，三是管理制度建设。有的学校将学科建设的管理放在科研处，有的学校设有专门的学科建设管理机构。今后大学的竞争一个是人才培养质量的竞争，另一个是学术水平的竞争，学术水平又直接反映学科专业的水平，影响人才培养的质量。因此，随着人们对高校学科建设意义的真正了解，真正认识到学科建设的龙头地位，学科建设系统将越来越重要。

（2）目标管理系统

学校推进内部管理的改革，引进现代企业管理模式，实行大学目标管理，形成一种新型的管理系统。大学目标管理打破了常规的大学管理方式，打破了常规的大学管理系统，不是靠单一的行政职能部门管理某个方面的工作，而是对院（系）、对学校的工作进行综合管理。目标管理的核心是确定学校各时期、各年度的工作目标，工作目标是全方位的，涉及学校工作的方方面面。因此，学校必须有一个部门牵头进行统筹协调，由多个部门参与，形成一个协调的、权威的管理系统。

（3）学生管理系统

根据我国目前的国情，学生的管理承担着很大的社会责任和家庭责任，因此，学生管理系统是学校最复杂的管理系统之一，其中事务性的管理内容比较多并且繁杂，关乎学校和社会的稳定。学生管理系统由学校党政共同负责，齐抓共管。有的学校成立了专门的学生工作部，由一名学校领导直接担任部长，由学校的学生事务管理部门、有关党政职能部门、各院（系）党总支、团支部等组成庞大的学生管理系统。

三、宏观与微观高等教育管理的关系

既然高等教育管理是一个系统，高等教育管理系统中的各个子系统是一个有机的整体，那么，根据系统的关联性，宏观高等教育管理（高等教育行政管理）和微观高等教育管理（高等学校管理）是相互联系的，这两个概念体系也是相互关联的。它们的关系表现在两个最基本方面。

（一）宏观和微观的管理实际上是"条"和"块"的管理

我们认为，高等教育行政管理是一种专业性的行政管理，既然是专业性的行政管理，就存在一个领导和被领导的关系，有上位管理和下位管理之分。它们的管理是上下位之间的关系，上下级之间的关系。教育部和各级地方教育行政部门将教育事业有机地分解为若干个工作方面，每一方面都与高等学校的某一方面有着直接的联系，形成了一条纵向的链条，所以我们称之为"条"的管理。"条"的管理体系表现为中央、地方、高等学校3个层次。地方的高等教育的管理，相对于中央、各省市的高等教育的管理又是"块"的管理。高等学校从总体上进行着与培养人才有关的各种活动，而这种属于"块"的管理中的各种活动（如教学、科研、学生管理、师资队伍建设等）都受上级教育行政部门的领导与协调。从这个意义上说，高等学校的管理又是一种"条块"结合的管理。这种关系着重表现在高等教育的管理体制上，特别是领导体制上。高等教育领导体制是指高等教育系统中组织机构的设置以及权限划分的制度，主要包括政府对高等学校的领导关系和高等学校内部的领导关系。一般习惯上把前者称为宏观领导体制，即高等教育领导体制，把后者称为微观领导体制，即高等学校内部领导体制。

如何处理好"条块"的关系是在国家的政治经济体制改革以后出现的课题，国家体制的变化直接导致高等教育体制的改变。处理好"条块"的关键是明确"条块"各自的功能和职责，各"条块"该做什么，不该做什么，应该用法律把它明确下来。当然，要理顺这种关系是复杂的，有时候是两难的。要等到上位的改革达到一定的程度以后，下位的改革才有可能相对应地配套完成。

（二）宏观和微观管理体制之间的集权与分权

前面我们研究过集权与分权的问题，这里的"集权"是指决策权过度地集中在最高层领导机关，下级单位只能根据上级的指示和决定办事。"分权"是指上级的管理体现在法律和制度上，体现在对下级的监督控制方面，上级对下级机构权力范围内的事不予干涉，下级单位在自己的管辖范围内有较大的自主权。在高等教育中，集权与分权的问题实际上是处理高等教育事业整体和部分的关系的问题。在社会主义市场经济条件下，高等学校需要更多的办学自主权，这就必须加快高等教育管理体制的改革。

高等学校的领导体制包括学校的领导制度、机构设置、管理权限及其相互关系的根本性组织制度，是学校内部带有整体性、全局性的制度，直接支配着学校的全部管理工作，是高校微观管理能否搞活的关键。目前我国高等学校的领导体制主要是党委领导下的校长负责制，在这种体制中，党委是学校的政治核心，校长受政府委托，在党委领导下管理学校，对学校行政工作全面负责。教职工代表大会实施民主监督和民主管理。这是一种相互促进、相互制约的体制。如果从技术的角度分析，高等教育管理无论是宏观层次还是微观层次，都存在着计划、组织、领导、控制等技术手段，只是在不同层次上运用的程度和方法不同而已。因此，在技术的层面上，宏观高等教育管理和微观高等教育管理也是有机地结合在一起的。高等学校内部管理的方方面面既与宏观高等教育管理相协调，其自身内部又具有整体一致性，即围绕培养人才的总体目标有机地结合在一起。需要强调的是，高等学校管理的有效性在很大程度上取决于高等学校的自主权。

高等教育管理的分权问题不能简单地来看待。第一，要明确为什么要分权，不是什么权都可以分掉的，在没有搞清楚权力划分原则的情况下，简单地提分权的问题是盲目的。第二，分权不仅仅是分利，不仅仅是简单地下放权力，而是在分权的同时，把上下位各自承担的责任理清楚。

四、高等教育管理系统构成分析

既然高等教育管理是一个系统，那么，系统的构成以及呈现的状态就具有各自的独立性。

（一）发展与需求构成的目标系统

高等学校总体的发展目标应该是也必须是与国家和各级政府的教育发展目标相一致的，国家和各级政府的要求也是关于如何使得高等教育的发展与社会政治经济的发展相适应的，具体的表现就是人才培养质量与数量的需求，科学知识的创新与科学技术的创造能推动社会文化的发展与社会的进步。高等学校的发展目标虽然根据各个学校情况的不同而各不相同，但是，归纳起来都是学科的发展目标，教育质量的发展目标，科学研究的发展目标，以及教学质量、水平、效益的协调发展目标。因此，宏观与微观的需求、国家的高等教育目标与高等学校的发展目标共同构成了中国高等教育的目标系统。

（二）体制与功能构成的组织系统

从宏观管理体制来讲，中国高等教育分为中央和地方两级管理，地方主要是省级人民政府。中央人民政府通过教育部专业政府机构来管理国家的高等教育，地方人民政府通过教育厅来管理所属高等学校。两级管理的内部又分为多个具体的业务管理部门，由于中国高等教育的管理行政性较强，因此，教育主管部门对口其他政府部门的机构就较多，管理的组织机构也较为庞大。从微观管理体制来讲，中国的大学相当于一个小社会，除了按照大学的功能设置的一些管理机构外，学生的学习、吃、住、行、医、保险等都得管，同时，学校还得负责学生在校期间的人身安全、负责心理障碍引发的事故、政治事件产生的影响等。所以，目前中国的高等学校内部管理的组织机构也比较庞大，这是体制的原因造成的。

（三）人、财、物构成的资源系统

人、财、物是为了实现高等学校的功能所配置的资源，人力资源是社会性资源，财、物主要是国家投资性资源，部分是学生缴纳的学费和社会筹措的资源。人、财、物是高等教育的基础性资源，缺一不可。资源直接影响学校的生存与办学，资源系统优质率直接影响高等教育的水平和质量。

（四）政策与机制构成的运行系统

高等教育的运行实际上是高等教育管理过程的具体表象。想要正常地，高质量、高效率地运行，关键是要依靠健全的法规政策和加大依法管理的力度，形成一种有效的管理机制和有效的运行模式。高等教育的管理实际上是通过政策、制度等对高等教育资源进行系统的、有效的配置。

第四节　高等教育管理系统中的组织理论与技术分析

一、组织理论

对于组织建立的原因和组织设计前提，依据不同的观点，形成了不同的组织理论。组织结构建立的动因在于受到管理幅度的限制，对管理幅度及与之相关的管理层次的研究形成了组织结构的理论。

行为科学家们一直在研究合乎需要的管辖人数及其所形成的高耸结构或扁平结构的组织。一般而言，管辖人数的界限影响着组织层次的多少，管辖人数越少，管理层次就越多。虽然建立组织的原因在于使人类的合作有效，但是我们却发现，组织级数受管辖人数的限制。

在现代管理实践中，一个领导者究竟能有效地指导多少部门？这就是"管理幅度"问题。一方面，为了保证领导者有较多的精力，确有成效地指导下级，管理的幅度当然是越小越好。但是另一方面，随着管理幅度的减小，管理的层次就会增加，这又不利于管理效率的提高。

管理幅度是一名上级领导者所能直接、有效地领导下级的人数。这方面的研究主要是汉密尔顿的研究。英国将军汉密尔顿从军事组织的研究中得出结论，认为一个人管理的幅度应在 3 ~ 6 人之间。

法国管理专家格兰丘纳斯是第一个用数学方法研究管理幅度的人。他经过研究认为，当组织内增加一个人时，组织内的人际关系数就会急剧地增加。比如，一个领导者指导两个下属时，他就有 6 种关系要处理：与下属的两个直接的指导关系，同两个下属之间的两个群体关系，还有下属间的两个交叉关系。

著名管理学家厄威克一方面赞成格兰丘纳斯关于人际关系的数学分析，另一方面他又提出他所观察到的心理现象———一个人的注意力幅度问题。他觉得，格兰丘纳斯所分析的关系不会同时发生，因而也就没有那么可怕。他认为，人的活动幅度受多种因素的制约，其中最重要的可能是要与人的注意力幅度相适应。

20 世纪 70 年代，英国洛克希导弹与航天公司通过研究指出，影响管理幅度的变量主要有 6 个，即职能相似性、地区相似性、职能复杂性、指导与控制的工作量、协调工作量、计划工作量。他们根据 150 个实例的调查分析，得出了影响管辖人数诸因素的加权值。

有关管理幅度的研究表明，管理幅度并非可以无限增加。我国一些规模较大的大学往往由五六十个系、所、中心组成，平均每位校长要分管10多个单位，负担很重。因此，在这一意义上设立"学院制"是必要的，可以通过学院这一组织减少校长的工作负担，提高校长的领导效能。许多国家早就规定，必须有3个以上的学院才能成立一所大学，而对学院的规模也有一定的学科专业要求，对在校学生的规模、教育层次有要求，研究型的学院还对教学科研资源等有要求。

二、高等教育组织结构及其形式

高等教育的组织结构是指高等教育系统内部的组成要素及其配合方式。组织结构通常包括内部各单位平行或隶属的关系、各成员的职责、遵守的法规、执行的政策、工作的程序、控制的过程、报酬的等级和行为的设计等内容。高等教育的组织结构应根据学校的规模、层次、科类等特点的不同而有所不同。就我国高等学校来说，组织结构一般有5种形式。

（一）直线制组织结构

直线制组织结构是一种由上级首长直接对下级下达命令进行管理的组织形式。在这种形式的结构中，各个层级的指挥和管理职能基本上都由校长自己执行，只有个别的职能人员协助校长工作，不设职能机构。其优点是形式简单，管理层次少，命令统一，指挥及时，责任与权限分明。缺点是要求领导者通晓学校的一切工作，领导者需要处理许多具体业务。这种模式在较大的高校难以做到，一般只适用于规模较小的高等教育组织的管理。

（二）职能制组织结构

规模较大的高等学校管理复杂，各项管理都需要有专业的管理知识，校长很难具备各种管理的专门知识和条件，要独立进行全面有效的管理很困难，需要在校长之下设立各种职能机构，校长将具体专业性的指挥权委托给各种职能机构。我国普通高等学校一般不采用这种形式，某些成人高等学校由于校长往往是兼职的，为了减少兼职校长的具体指挥工作，可以采用这种组织结构。

（三）直线职能制组织结构

这种结构是将组织内各层次的管理机构和人员分为两类：一类是直线指挥机构和指挥人员，他们对下级进行指挥，下达命令，并负有全部责任；另一类是职能机构和职能管理人员，他们是直线指挥机构和指挥人员的参谋机构和助手，只对下级机构和人员的工作提出建议，进行业务指导，没有决策权，也不能对下级机构和人员下达命令、进行指挥。

（四）学院制组织结构

学院制就是在大学之下设立学院，学院之下再设系（所），学院在大学内享有较大的自主权。学校的职能部门主要是围绕学校的目标，在校长的指挥下协调对院（系）的管理。这是一种分权的组织结构形式，适用于规模较大的多科性大学或综合性大学。西方大学多采用这种形式，我国也有一定数量的高等学校已实行或正在试行这种结构的组织形式，也有不少高校正在校——系（所）两级管理组织结构的基础上积极探索建立学院制管理的组织结构。严格意义上说，这是直线—职能制结构的一种特殊结构。

（五）"矩阵组织"结构

"矩阵"结构又称规划项目结构，它是同时进行若干项目管理的一种最常见的组织结构形式。它适用于若干个同时进行的项目的组织管理，在高校科研项目与对外合作项目的管理中运用得较多。当项目的规模较小时，组建一个独立的项目组就会造成浪费；当一个单位同时进行若干个项目时，就难有足够的力量保证为每个项目成立一个项目组。在这两种情况下，就必须考虑其他的项目管理组织结构形式，"矩阵组织"结构正是适应这一需要而产生的。

我国基本上不存在单一模式的组织结构模式，往往是以某种形式为主，同时采用其他形式作为补充。

三、高等教育的组织技术

高等教育的组织技术是指高等教育管理者为了实现组织系统目标，而对人员和各种资源进行协调并确定其相互关系，设计组织结构并以此来设置组织机构，适应环境变化，完成组织工作的行为过程中所采用的技术方法。动态的组织过程，就是设计组织结构以及在此基础上设置组织机构的过程，组织技术集中地表现在这个过程之中。高等教育的组织技术对高等教育管理的功能和效益有着重要的影响。

（一）影响高等教育组织技术的因素

1.管理目标

动态的组织是人们有意识的社会实践活动，它有着明确的管理目标。静态的组织是组织活动有效进行的条件，它的结构的设计、机构的设置及在实践过程中的变革自然应以组织活动的目标为准绳，以保证组织目标的实现为宗旨。不同的组织目标要求有不同的组织设计技术和组织机构设置技术。组织得以存在的重要依据是有一个明确的发展目标，组织中的每个部门和人员都必须为达到共同目标而进行活动。为实现共同目标，要正确处理人、财、物的关系，追求高效率和高效益，为达到共同目标，要动员各个层次结构上组织机构内的全体成员制订个人目标，并处理好共同目标和个人目标之间的关系。在完成共同目标的前提下，照顾到个人目标的实现。

2.环境因素

高等教育系统本身以及系统内任何一种组织机构都处于一个不断变化的环境之中，不断与环境进行物质、能量和信息的交换，所以组织内部各部门和人员之间的配合、组织结构和组织机构也要不断变更，使它更有效并与环境保持动态平衡。环境包括社会环境和人际环境。社会环境包括政治、经济、科技、文化等方面。政治环境由国家的性质、政治体制、法律制度、方针政策、思想道德等因素构成，它必然影响到高等教育系统中组织结构的设计和机构的设置，所以我国的高等教育组织结构，尤其是组织机构，不能照搬西方国家的那一套。经济环境由一个国家的经济制度、经济体制、经济政策、经济发展状况、各地区不同的经济发展水平等因素构成，它直接影响高等教育组织结构的设计和实施。科技环境则由科技体制、科技政策、科技发展水平等因素构成。社会其他环境包括民族文化、心理和习惯、社会风气、人们的文化和道德文明程度等都会对设计组织结构和设置组织机构产生不同程度的影响。人际环境包括组织成员的个性及成员间的相互关系等方面，在完成规定的管理活动的过程中，成员间的相互信任和支持，以及成员间的相互矛盾和对立，往往是机构重新设置、发生变更的直接原因。

3.组织中的人

高等教育组织的组成人员具有高智能的特征，因此，这些成员的主观能动性对管理的效果具有直接的作用。有时，一个好的领导在不同的学校，其工作效果可能是不同的。再有能力的大学校长，离开了对管理对象的具体分析都有可能在工作中遇到阻力，甚至工作失败。因此，组织中的人这一因素也是我们在组织的结构设计中必须考虑到的。

（二）高等教育组织结构设计的原则

组织结构的设计又称组织设计，是把组织系统内的人、财、物等各种资源通过一定的联结方式确定其相互关系，并进行合理配置，以实现组织目标的过程。

它是组织工作的核心内容。

高等教育组织结构设计的原则主要有组织分工协作原则、组织权职相应原则、信息通畅原则和组织运作的有效性原则。分工协作强调整体团队精神，分工是明确各自的工作任务，协作是强调围绕共同的目标必须进行协作。权职相应的原则是要求权职的定位要准确，防止职务权力过大或过小。信息通畅原则强调的是管理的信息要畅通，否则将会贻误战机，信息混乱或者缺乏真实性必然会导致管理的失败。有效性原则强调的是组织结构要灵活，运转要灵活，运转要好。

因此，一般认为，高效能的组织结构应当具备四个条件。第一，具有可靠而有效的信息输入、输出系统；第二，具有民主的、灵活的、富有创造性的管理；第三，具有受到组织成员一致支持的明确的组织目标；第四，具有相互信任、相互支持的成员间的良好关系。

（三）高等教育组织结构设计的技术要求

根据设计的组织结构使资源到位。根据预先的人员编制对人员定岗，使其从事与岗位相适应的工作，保证事得其人，人尽其才。对预算经费（预算内、预算外经费）、物资（公用物资和部门用物资）进行合理分配，做到财尽其利、物尽其用。将时间安排好，使全体成员有秩序、有节奏地进行工作。在高等教育组织结构设计的过程中，对岗位（职务）的分析和制定合理的人事制度是十分关键的。岗位分析的目的在于确定该岗位或职务的从事者应该具备的基本标准或资格。对岗位或职务进行分析的方法，一是确定该岗位或职务需要任职者具备哪些知识和能力，二是确定该岗位或职务的价值（重要性）。前者可以纳入对任职者（候选者）的学历、知识结构、能力结构、工作经历、人格特征、心理素质等多方面进行的考察，后者则是从该职务或工作的各种特征来分析任职者应具备哪些条件。这两方面分析的目的在于尽可能使任职者与该职务达到最佳吻合，即人尽其才，取得最佳的工作效果。高等教育组织结构的设计总是在充分分析组织系统内外的各种关系和资源后，对组织目标进行有效的分解，合理确定各种资源的相互关系，这本身就是一个"情境性"很强的工作，因此要因时、因地、因条件制宜。

（四）高等教育组织结构的变革与创新

为适应外部环境和内部条件的变化，组织结构始终处于动态平衡的状态。也就是在环境变化提出需要时，组织结构应及时变革，使组织结构的变化适应外界环境的变化。

变革组织结构的方法应根据原有组织结构中不合理的程度来选择，一般有以下三种情况：其一，若一个组织结构毫无效率，而要做根本性的变革且设计新的组织结构后立即生效，这被称为"大变动的方法"。其二，若某一组织结构存在一定的问题需要变动，可采用短期变动法。其三，若一个组织结构存在许多问题而又过于复杂，变动难以在短期内实现，则应在一个较长的时期内逐渐实现组织结构的变动。

随着我国政治、经济、科技、教育等体制的改革，我国高等教育组织结构及其组织机构也进行了必要的变革，而且这种变革还在进行之中。在变革过程中，要有总体设计，一般应采用长期变动的方法，逐步建立起外部和内部条件相适应的组织结构及其机构。要防止两种倾向：一种是急于求成，变动频繁，借口改革而随意变动、撤销、合并、新建机构；另一种是对环境变化反应迟钝，因循守旧，借口以不变应万变，致使组织结构及其机构没有效率、缺乏活力、管理落后。所以，应根据组织内外环境的变化而适当选择有效的变革方法。

高等教育的组织创新除了按照新型的组织结构理论进行设计外，也可以在传统的组织结构理论上进行创新。

1. 权变的高等教育组织设计

美国麻省理工学院著名管理学教授麦格雷戈 160 年在考察了当时的各种管理理论之后，根据这些理论对人性的假设归纳出 X 理论和 Y 理论。他把古典的管理理论称为 X 理论，把人际关系学派的理论称为 Y 理论。权变理论则认为不存在一成不变、普遍运用的"最好的"管理理论和方法，管理能否成功，组织是否有效，关键在于管理者是否能根据所处的内外环境随机应变。权变的组织设计是对传统组织理论的超越。

2. X 理论及其组织设计

X 理论对人性假设的基础，形成了以工作为中心的组织。为了达到组织的目标或目的，管理者就要用各种规章制度去控制或监督被管理者的工作，修正他们的行为，用物质刺激去促使他们为实现组织目标而努力。因此，可以说这个假设基础上的组织是"没有人的组织"。与这一理论相匹配的组织设计有几个特点：组织结构的设计必须从有利于权力的行使和提高完成任务的效能方面加以考虑。因此，权力是高度集中的，决策权掌握在组织的高层领导者手中。在实行 X 理论的组织中，下级仅仅被当作从属于上级的个体，其作用相当于一部机器里的一个齿轮，每个人都是孤立的，只对主管人负责并只受其影响，因此下级管理者被称作"受雇的手"。X 理论认为，严格的规章制度与物质利益刺激是使组织保持有效运行的基本手段。

3.Y 理论及其组织设计

Y 理论对人性的假设与 X 理论针锋相对，它强调人际关系，从而使组织的特性表现为参与性。在实现组织目的或目标的过程中，对管理者来说，重要的是为全体成员创造各种能使他们的才能得以发挥的机会。用"没有组织的人"来形容该理论指导下的组织是比较形象的。Y 理论的组织设计有几个特点：在 Y 理论的组织设计中，权力是分散的。它鼓励各级管理人员都参与组织的决策，组织的决策可以在各个层次上进行。在 Y 理论中，人们是愿意工作的理性的人，他们有智慧，并且能做出自己的决定。在每个人做出的决定中就有接受领导这种或那种决策的选择，权力来源于接受而不是来源于权势。在 Y 理论看来，全体成员的广泛参与是组织保行的基本。

4.建立在权变理论基础上的组织设计

现代权变组织设计是在 X 理论和 Y 理论的基础上产生和发展起来的一种新的组织设计。在 X 理论中的组织设计只注意工作效率，而没有考虑到环境、技术、人员的差别和人与人的关系；Y 理论虽然注意了人的需要的差异以及人与人的关系，提高了组织中人们的满意程度，但对工作效率又不够注意。所谓权变的组织设计就是以系统的、动态的观点来理解和设计组织。组织本身是一个系统，有很多因素在影响组织，组织是在各种相互关系中运转的。权变的组织设计就是要适应具体的环境、技术、战略、人员情况，采取不同的组织设计，组织成不同的组织结构以求成功地实现组织的目标。

现代社会之所以要采取权变的组织设计是因为客观上不存在一种固定不变的、普遍适用的、最好的组织结构模式，只有根据不同情况采用不同的组织结构设计模式才能收到好的效果。其中的关键在于了解影响组织设计的一些因素，如任务类型、外部环境、技术条件、人员素质等的不同配合。权变理论认为，虽然没有一个永远不变的、普遍适用的组织设计模式，但人们在大量实践经验的基础上，针对不同的战略目标、外部环境、技术条件和人员素质等因素，列出不同类型因素配合情况下的一种较合适的组织结构是完全可能的。在这个基础上建立的可行性模式，可以有效地指导组织设计者根据特定情况选择一种符合实际的组织结构。权变的组织设计还指出，一个完整的组织内部，各个部门或单位，由于情况不同，有可能同时存在不同的组织结构。

所以，组织效果依赖于对许多变化着的情境因素的认识和适应。对其一种情境有效的组织，很可能在另一种情况下是不适当的。因此，在运用权变方法设计组织时，要确定哪些因素（权变因素）可能对组织设计产生十分重要的影响。权变因素包括哪些，目前尚未取得一致意见。人们提到较多的主要有6个变量：组织的规模、相互作用的程度、成员的个性、目标的一致性、决策层和系统状态。高等教育的组织设计更多地要以权变理论来指导，根据学校及其工作的特点，采用灵活的、相对分权的组织设计效果可能更佳。

5. 变化中的组织结构：柔性化趋势

与传统的工业化社会相适应的组织结构形式是直线制组织结构。一般地，直线制组织结构的特征包括7个方面：一条指挥的等级链、根据职能进行的专业化分工、包含权利和责任的一贯性政策、每项工作的标准化程序、致力于提高技能的职业生涯、不受个人情感影响的关系、所有工作协调都由上级进行的模式。如果说在计划经济条件下，直线制组织形式对于完成政府的指令性任务发挥了积极的作用的话，那么，在市场经济条件下，情况就发生了变化。市场经济意味着需要更多的创新、更多的关心，要求高等教育管理在形式上多样化；现代科技的高度分化与高度综合的统一趋势，使得教育工作者的个体劳动向团队工作转化，要求发挥团队的整体优势；在组织设计中，职能性的工作逐步由项目性工作取代，组织结构需要变化和创新。柔性的组织设计是对两种相互制约着的压力的应答，即人们需要柔性组织系统对两种对立的效果加以平衡，既有利于组织创新，又能在不断磨合中加强控制向心力。实际上，新的柔性组织没有也不可能完全取代原来的直线制组织模式。事实情况可能是两种模式同时存在于高等教育组织之中，这是一种柔性变化的发展形势。

随着社会生产力水平的不断提高，生产生活方式将更加丰富多彩，组织模式也会出现创新。目前已经出现了许多新的管理组织模式，譬如"俱乐部"组织模式、"连锁"组织模式、"树状"组织模式、"加盟商"组织模式等等。从高等教育管理组织结构的历史发展与演变来看，它本来就是在不断地通过吸收行政管理、经济管理、企业管理组织结构设计的方式方法和经验来丰富自己的。随着社会生产力的发展，高等教育组织结构的设计也将会注入一些新的元素。

我们研究了以上这么多的一般组织理论问题，相对未来来讲，这些可能是传统的。但是在当代的高等教育组织结构中，可能某种传统的组织结构就是可行的，这些结合具体的管理活动，传统的组织结构如果运用得好，也会焕发出新的活力。

中国大学的组织结构受政府行政组织结构设置的影响太大，高等教育的行政管理组织基本上对应政府部门的组织结构，官本位突出，行政权力突出，学术权力弱化，服务性质弱化。随着高等教育管理体制改革的逐步深化，随着真正的市场经济体制的建立和完善以及它对大学办学理念、办学模式的影响逐步加深，与之相应的，大学组织结构必将会发生变革。

第三章
我国高等教育管理创新实践

第一节　坚持创新理念

创新是指改变旧制度、旧事务，对旧的生产关系、上层建筑做出局部或者根本性的调整变动。所以创新就是改进不好的，改正错误的、不合理的，最终达到创新的目的。创新需要清晰的价值和目标，即需要明确创新理念，它关系到创新的出发点和前进方向。高等教育教学是对高等教育的认知、使命、作用等基本问题的认识和看法，是高等教育管理实践的总结和概括，具体包括管理理念、学习理念、教育教学理念、办学理念等方面。

一、统筹理念

在我国，任何发展都离不开一个因素，即"党政关系"。邓小平对这点也早有明确的认识，"创新的内容，首先要党政分开，解决党如何善于领导的问题。这是关键，要放在第一位"。我国高等教育作为公共物品和服务的一部分，其物质载体是大学。大学的根本属性是事业单位，这种公益属性不会发生改变，党委领导下的校长负责制作为我国大学的领导制度，是一种"党政结合"的领导方式。党委领导作为大学政治权力的集中体现，具有全局性特征，党委在大学内部治理过程中的意见综合和宏观决策作用不可或缺。

统筹作为一个由数学衍生出的系统科学概念，主要强调的是一个事物在发展或行为执行的过程中涵盖规划、引导、服务和扶持的完整的过程体系。政府统筹就是站在事物全局的角度统筹思考、洞察事物，具有创造性思维以及工作谋划、整合协调和服务全局的能力。不顾此失彼，不因小失大，兼顾和协调全局各方面的利益。使整体协调，布局合理，利益得当，人文和谐，思想协同，工作得力。那么政府对高等教育的统筹也就可以围绕这一概念展开，即政府统筹规划、统筹引导、统筹服务和统筹扶持。

（1）统筹规划方面：对高等教育发展的速度、规模、质量、结构等进行宏观管理，促进管、办、评分离，形成政事分开、权责明确、统筹协调、规范有序的管理体制。对学校布局、学科专业设置、学位授予点和继续教育进行发展规划；统筹研究生教育、本科教育、高等职业教育和高等继续教育；构建层次分明、类型多样、特色鲜明、充满活力的高等教育体系。

推动高等教育内涵式发展是基于高等教育发展现状提出的新的指导方针，是"办好人民满意的教育"的坚实基础，是"全面实施素质教育，深化教育领域综合创新，着力提高教育质量，培养学生创新精神"的最好保障，是"立德树人"、培养德智体美全面发展的社会主义建设者和接班人的关键举措。所谓内涵式发展，就是以科学发展观为统领，摒弃高校传统追求规模、数量的粗放式发展模式，着眼于效益与质量的创新型发展道路。效益、质量与创新三位一体，其核心是实施内涵发展，其重点是学科建设和制度建设，其动力源于深化创新，其保障是和谐校园建设。

（2）统筹引导方面：建立高校学科分类建设体系，实行学术发展分类管理；创新高校人才培养模式，提高高校人才培养质量和深度；加大对高校学术的监督和审查力度；统筹推进各级各类高等教育协调发展；统筹城乡、不同区域间高等教育协调发展。统筹编制符合要求和国情的高等教育办学资质、教师引进、招生质量等多项标准。

（3）统筹服务方面：深化高等教育综合创新，推动教育事业科学发展，必须以"三个满意"为出发点和落脚点：在关心国家命运、服务国家的战略上有所作为，让党和国家满意；在勇担社会责任、满足社会对创新高等教育不断提高的要求上有所进步，让广大人民群众满意；在坚持以人为本、实现好维护好发展好学校广大师生员工的根本利益上有所建树，让广大师生员工满意。引进国际创新教育资源，提高中外合作办学水平。

（4）统筹扶持方面：落实扩大高等教育办学自主权，完善我国特色现代大学制度，完善高等教育惩治和预防腐败体系；统筹健全以政府财政支持为主、社会捐助资助教育经费、有限度地自主探索高等教育市场化稳定增长的机制；建立地方政府所属高校的教育职责评价制度；探索建立政府督导高校机构职责运转的机制。

我国明确指出，到2020年要建立起功能明确、治理完善、运行高效、监督有力的管理体制和运行机制。管理体制和运行机制的重大变革涉及法律制度、组织架构、权责划分、运行规则和利益调整等诸多方面，内涵十分丰富，是一个系统的制度安排。这就需要政府统筹来部署和实施。其次需要政府统筹协调政治体制创新和市场经济体制创新，使我国高等教育管理创新与政事分开、管办分离和转变政府职能等其他政治、经济、文化、社会创新密切联系，相互影响，相互推进。深化教育管理创新，探索政校分开、管办分离的实现形式。

二、参与理念

我国高等教育从新中国成立初期的"精英"教育走向"大众"教育，是随着我国政治、经济、文化和社会环境的变化而不断适应的发展历程，是我国政治体制创新不断深入的体现，是社会主义市场经济创新深入人心的要求，是社会开放文明的自我需求，是我国文化传承自我提升的动力源泉。

社会参与高等教育管理创新的必要性主要有以下几方面：首先，从高校的系统性和开放性来看，高等教育作为一个系统要生存和发展，不可能封闭自我。高校需要汲取自身生存发展所需的物质资源、人力资源和财务资源，无法忽视与社会存在普遍联系的客观事实。高校应扩大学校的开放性，融入我国国情的现实社会中，建立社会参与高校管理的机制。其次，经济和社会生活方式的重大变革使得高等教育的大众化普及程度在不断加大，继续教育、职业教育等终身学习教育制度在不断深入人心，极大地刺激了社会参与高等教育的意识。再次，在激烈的市场竞争环境下，对人才的需求和竞争成为市场生存的不二法则。市场竞争的主体，例如企业，已经以极大的热情加强与高校的合作，参与到高校教育的具体实践中，寻求满足自身需要的合格人才。最后，高校自主化办学带来的就业压力和经费支出以及后勤社会化等创新也需要得到社会的支持和帮助。总之，高校接纳社会各方面参与自身管理是必要的且可行的。

社会参与高校管理的内容主要包括：一是社会参与高校决策。高校管理创新需要吸纳更多的智慧和力量，确保高校的决策体制、运行方式、机构设置等内部事宜得到民主、科学的监督、反馈和建议，社会参与的重要性不言而喻。二是市场权力对高校权力的影响和制约使得社会参与高校管理的具体事务越来越深入。比如高校专业、课程的设置不断重视市场需求，高校毕业生就业市场要求高校教育管理贴近社会现实，高校内部事务信息公开等等。三是高校的社会服务功能使得社会参与到高校教学科研等高端领域。高校与企业的合作正是社会参与的表现。我国高等教育创新是系统工程，能否在市场经济大潮中接受社会检验是创新成败的关键。我国高校要认清现实发展要求，提高社会服务功能，树立社会服务意识，把社会参与作为自身管理创新的重要内容，实现科技成果转化，提高社会知名度和权威性，满足社会需要的创新目标。高等教育需求的多样性、高等教育走向社会中心以及高等教育经费来源的渠道多元化要求社会参与，这不仅是高等教育发展的共同趋势，还是实现高等教育内部管理善治的重要保证。

三、公共利益理念

公共利益是指公众的、与公众有关的或为公众的、公用的需要的利益。

根据《公共政策词典》的界定，公共利益是指国家和社会占绝对地位的集体利益，而不是某个狭隘或专门行业的利益。《中华人民共和国教育法》第八条规定"教育活动必须符合国家和社会公共利益"。公共利益产生于人与人之间的社会联系，是公民个人利益最终的价值取向，代表着长远的、共同的、整体的个人利益。高等教育的利益主体可以分为国家利益、团体利益和个人利益。国家利益是指国家从高等教育的发展中获得的人才培养、科技技能输出的政治利益。团体利益是指高等教育的各种权力主体在博弈过程中获得的权力利益。个人利益是指参与高等教育过程和活动的个体获得的参与权、保障权和结果权的权利利益。这三种利益主体只是基本利益和直接利益，如何协调利益冲突和分歧，寻求整体利益的最大化，这就是公共利益取向的理念所在。

公共利益的正当性以一定社会群体的存在和发展为前提，公民的受教育权是公民的基本权利之一。因此，保障公民的受教育权利成为公共利益取向的共性特征。高等教育的社会服务职能是公共利益理念的具体体现，这需要由国家法律作为保障，例如《中华人民共和国宪法》《我国教育创新和发展纲要》《高等教育法》等。我国高等教育作为公众受教育权利的组成部分，已经从"精英"教育转变为"大众"教育，受教育群体的数量和文化程度已经具有社会普及性和公民自主性走向，因此，高等教育创新的公共利益取向能够满足国家利益和个人利益的诉求。不因高等教育受教群体的年龄、性别、民族、肤色、国籍、经济状况、家庭出身等因素而影响到高等教育知识的获取和传播，享受机会均等无差异。

高等教育需要在生产知识、科技和人力资本过程中增效，实现教育产业化，进一步改善教学环境，增加教育奖学金的投入和贫困生补贴力度，促进高等教育事业的公平和正义。

高等教育管理创新涉及社会公共资源和经费的使用和调配，影响社会成员的共同利益，创新的成果需要全社会共享。高等教育创新的公益性具有公共性、社会性和整体性，既包含国家层面的经济利益、政治利益、文化利益、文明利益，也包括社会层面的经济利益、文化利益、政治利益，还包括个人层面的物质利益和精神利益。追求公共利益是高等教育管理创新的核心价值理念，是我国特色社会主义高校创新的前提和出发点，是调和权力主体追求共同目标的指导原则。

四、质量至上理念

高等教育创新理念是与时俱进的时代产物，其中质量至上的学习理念源于首次世界高等教育大会的两份重要文件，作为其中的核心理念，联合国教科文组织认为高等教育质量是多层面的概念。这一概念涵盖了两方面内容，一方面是"层次"的问题，指的是高等教育质量是多层次的质量的统一体；另一方面是"方面"的问题，指的是高等教育质量是多方面的质量的综合体。

高等教育的系统类型通常被划分为研究型高校、教学研究型高校、教学型高校和高职高专高校四种。每个层次的高校追求的质量标准、人才培养方式以及学习理念都是有差别的，这种差别是基于学科、专业、学术自身的特点而形成的不同的质量要求的。随着高校社会资源的有限性分配和政府资源集中性支配模式的演变，我国高校分门别类的层次出现了雷同化和趋同化特征，高校教育质量的层次差异化被高校自身的建设发展所消弭。同时社会发展过程中的社会分工和资源专属性越来越明显，社会对高校教育质量层次的需求面被极大地拓宽，高校教育质量层次化的不明朗使得高校就业环境恶化。解决高等教育质量层次化发展问题的途径除了政府统筹外，最重要的是高校自身的定位。高校历史积淀文化内涵，文化内涵塑造高校人文，高校人文成就高校精神（即校训）。高等教育创新中的按教育规律办学就是对高校文化传承和高校人文环境自主办学的认可。高等教育的多方面质量包括学生的质量、师资水平，还包括图书馆的利用率、学术讲座的质量水平、学校后勤质量和服务状况以及学术环境的自由民主氛围等等。

这就需要高校树立质量至上的学习理念，从教学目的、师生角色、教学内容、教学模式、教学方法、考试方法、教学观等多方面进行改进。例如提升学生的社会责任层次，注重决策观念和技能培养；以学生为本，重视知识的接受和应用及主观能动性的发挥；发挥学生主体的学习地位，使其主动探索学习兴趣和努力方向；加强教学内容的基础性，增加教学内容的深度和广度；发展学生个性，激发学生的发散性思维和创造性思维；激励合理竞争，活化教学方法，注重社会实践；

拓宽学科的社会研究对象，关注科学前沿知识，拓展学生眼界，提高学生驾驭知识的能力，用质的提高应对量的增加。

第二节　把握职能定位

一、突出育人

高等教育承担着人才培养、科学研究、服务社会、文化传承创新四大职能任务。想要推动高等教育内涵式发展首先需要处理好人才培养与科学研究的关系。人才培养是高等教育的根本使命，在四大职能中居于核心地位，高校中包括科学研究在内的一切工作都要服从和服务于学生的成长成才。应该重视人才素质的培养，包括人格、知识、能力和体质，即"德智体美"。大学的核心功能是培养全面而自由发展的人才，塑造符合我国发展的合格的社会主义建设人才，这是我国高校现代化建设的社会使命和至上原则。实现核心功能的途径便是知识传授，因此将二者归纳为教书育人。"大学之道，在明明德，在亲民，在止于至善。"培养专门人才是高等教育的本质特征，要突出创新能力的培养，进行科学素养和人文素养的融合，造就全面发展的人才。

首先，建立以学生为服务之本的高等教育质量评价体系，把高等教育的传授重心放在学生身上，从关注学生成长和体验出发，将学生自主学习知识和全方位考察评价授课质量等确定为高等教育教学评估考核的重要内容。培养学生的开拓精神和竞争能力，并使其学生具备复合型知识，满足市场经济发展需要。其次，高校教师有必要参与社会实践，加深自身与社会需要的亲身体验，打破高校教育内部自我封闭的认识局限。高校教师学者的社会需求体验和实践一方面可以提高学者解决实际问题的能力，丰富教学素材，将社会急需的技能传授于学生；另一方面可以使学者和学生对社会需求的认知更加切合实际，更加注重树立学生创新能力观念的培养、终身教育观念的培养以及基本学习能力观念的培养，并进行以学生为本的教学创新。再次，高校必须研究社会需要的各级各类各层次人才的素质结构和能力需要，为人才的社会输出提供品德培养、技能服务、智力保障、素质保证，以实现知识价值的社会转化效能，实现科学技术是第一生产力的理论与实践的无缝对接。

二、注重科研

高等教育的职能是在社会发展需要的基础上形成的，是社会赋予高等教育的任务和职责，是高等教育与社会之间关系的集中体现。

高校科研输出的最大化取决于高校科研管理人员的自身素质建设，包括知识素质、管理素质、伦理素质和服务素质等，这些都需要高校完善的科研培养培训机制作为保障，赋予科研人员科研管理成果转化享有权，激励科研输出的主动性。科研管理职能在通过社会输出实现科技转化的过程中需要努力实现四个能动，即能动策划、能动组织、能动跟踪和能动管理。强化科研课题的设计和项目申报的策划，强化科技成果转化和报奖的策划意识，强化科研部门跨学科创新团队的组建，强化社会合作企业技术成果转化的平台推广，强化科技推广的跟踪机制，强化基础研究与应用研究的有效融合。高校需要牢固树立人才培养必须以高水平科学研究为支撑的观念，鼓励教师重点开展有利于提高教学质量、推动理论创新、服务经济社会发展的科学研究，并将研究成果及时转化为教学内容。还要处理好科研与教学的关系，树立科研为教学服务、科研和教学为社会服务的意识，提高高校的科研实力，提升学校的知名度和学术的名誉度。

三、坚持个性发展

从本质上讲，大学管理是知识和科技的创造性组织，尤其是在我国高等教育管理创新的社会环境形势下，大学管理需要开拓进取的创新精神。只有创新精神才能塑造和铸就内涵式发展的高校，从而培育出个性发展的个体和团体。

从个体层面来讲，学生乃至学者，都需要保持个人的思想独立、学术自由和民主平等。个性既是个体的整体精神面貌，还是个体独有的心理特征，个性发展是个体独特性、创新性和主体性的实现过程。首先，高校培养理想、健全人格。在个体的短期目标、中长期目标和远大理想的树立和实现过程中，将个人价值、社会价值融于一体，通过高校文化载体和高校学术载体输入和输出，经过高校个体的努力奋斗和高校平台的支撑，致力于服务国家和社会。培养集体荣誉感、团结合作的精神、努力拼搏的意识、热爱生活的态度、严谨求知的志向、无畏探索的倾向、全面发展的思路等个性心理特征，培养人文素养、社会责任、道德良知、兴趣爱好、体育活动等社会人格要素。其次，应培养个体的创新意识和创新能力。个性发展是创新精神的基础，创新精神的目的是以人为本，以人为本的核心是个性发展。经过对高等教育知识的接触、传授、探索和考究，高校个体结合个体的兴趣和喜好对知识真理的探求，势必带来创新活力、创新意识及创新能力，高校个体的事业心、责任感和使命感便在个性的培养过程中自然而然形成。再次，高校培养个体拓宽眼界、开阔思维。高校个体借助高校知识平台和高等教育交流计划，能够把握世界最先进的知识，了解人类发展困境中的障碍，接受国内外先进思想知识的洗礼，总结归纳个体立志追求的方向，树立个体人生崇高理想的目标。最后，高校个体活力四射、自我约束。高校个体在身心健康发展的同时，可以抵御社会思潮的诱惑，完善自我约束，注入时间和精力，运用年轻活力和创新精神，争取个人价值的实现和社会价值的体现。

从学校层面来讲，高校需要树立自身的教育特色和人文底蕴。一是丰富高校自我精神。挖掘高校的历史文化传统，吸收现代大学的办学理念和思想精华，传承高校精神，明晰高校使命。二是树立高校独特观念。秉承高校校训，加强每届师生的校史教育，学习高校学术大师、学术大家的人格魅力和开创精神，尊重师德，传承高校先辈的奉献精神和学术追求，强化对本校的责任感、荣誉感。三是健全高校文化制度。完善高校大学章程，推行制度创新，将高校精神和高校行为文化融入到制度设计中，体现到师生行文中，用制度督导高校文化的自我渗透。四是完善高校标识建设。充分利用高校的校旗、校歌、校徽等文化符号的视觉效果，制定高校标识使用规范，开发设计高校独特的文化产品。例如高校的信笺、邮票、台历、纪念品、纪念册、公文样本模板、校务公示样板、录取通知书、成绩单和奖励证书等。五是创新高校文化载体。运用高校事务如校庆、运动会、毕业典礼、新生入学等仪式，弘扬和传播高校独特的文化内容。创建高校品牌的学术讲座和高校名家论坛，丰富高校文化内涵建设，利用高校文化载体如 BBS、图书馆、教学楼、校舍、校内微信、学生社团等营造高校全面丰富而又个性鲜明的文化氛围。

四、着眼服务行政

"服务行政"一词源于德国行政法学家厄斯特。服务行政是由原来的计划经济向市场经济转变的过程中关于行政法的定位和作用的指导理念。学者张成福认为，我国行政现代化的目标取向在于建立市场或亲市场的政府行政，使公共行政国家权力的载体过渡为为公众提供服务的实体。高校"服务行政"是指高校行政权力以高校全体师生员工等高校利益相关者的真实需求为服务风向标，以为其提供创新的、满意的服务为首要职能，不断完善服务保障制度和服务体系的管理模式。

高校服务行政必须从"以权力和政治为中心"转变为"以大学章程为中心"，从"管制行政"转变为"服务行政"。遵循有限性、法治性、民主性和有效性的原则，树立以人为本的理念，重视高校学术权力的诉求，增强服务意识；通过以沟通与协调为主的民主平等对话机制，致力于高校教育质量发展，推动高校学生的全面发展，紧密联系高校与其他社会组织的交流与合作；设计符合现实需要的行政服务管理制度，将高校自由发展的权力归还于高校各权力主体，最终实现行政权力与学术权力关系的有效融合、行政权力与学术权力的相互信任、行政权力与市场权力走向良性互动。

高校服务行政必须协调学术权力与行政权力的相互关系。首先，二者的合理性需要兼顾。学术权力的独立行使是高校学术自由、民主管理、公平公正的建校根基；行政权力的管理履行是高校管理效率和运行秩序的基本保障。二者只有实现动态平衡和互助共享才能实现我国高校自主发展的目的。其次，二者的权力边界需要明确。根据大学章程，建立相互分工、互相合作、相互制约的关系。再次，二者作为高校权力系统的内部构成要件，学术权力是高校权力的基础，行政权力必须为学术权力服务。最后，高校的政治权力创造组织体制保障和构架，行政权力是"制度性权力"，学术权力是"权威性权力"，行政权力需要通过制度设计确保学术权力应有的地位和权威，实现政治权力的问责协调定位，保证高等教育内部权力运转的畅通与高效。

第三节　构建权力结构

一、参与权

从历史发展过程来看，市场权力在我国高校发展的过程中处于遮蔽状态，主要通过学生报考志愿、报考专业、大学生就业等途径展示市场权力对高校发展的影响力，相对乏力。从历史发展趋势来看，市场权力在我国高校管理创新的过程中正在发挥越来越大的软实力，并持续走强。创新开放以后，市场就开始逐步渗透到我国的高校发展中，经过三十多年的发展壮大，市场力量已经明显显现。比如，我国逐渐形成了以公办高校为主、社会各界广泛参与、公办学校和民办学校共同发展的高校办学体制，实行市场机制的学费制度、就业政策和人才竞争；我国高校专业、课程的设置不断重视市场需求，公办高校与私立高校的竞争也风生水起。市场经济发展大潮中的经济意识、主权观念、竞争意识、自由精神、宽容态度、平等观念和共赢博弈正在我国高校不断上演。市场权力的构成主体宽泛且多元，是我国高校自我体系外多因素综合体的全方位展示，有国家需要、社会需求和市场刺激，也有国际化和全球化过程中的不断要求。市场的参与权主要通过以下三方面行使。

首先，市场权力要求高校教育服务质量贴近现实需求。我国高校毕业生的数量在不断增加，近两年虽然增速略有下降，但总量也创历年新高，毕业生就业压力大已成为不争的事实。学生就业情况严峻，高校的教育质量需要更加适应市场的需求和变化，重视学生参与市场经济活动的能力和条件，摒弃盲目以自我为主的办学理念和不求思进的教育观念，发挥政治权力在我国高校发展中的调控权。

其次，市场权力要求创新高等教育服务。随着我国经济发展的不断进步和我国居民家庭支付能力的不断提高，高等教育资源作为最有潜力和最有回报的市场，对外交流的范围和深度正在不断增加。教育部发布的数据显示，我国高等教育资源的人才流失情况正在不断加剧，而我国的高等教育创新服务主要还是被"211"和"985"高校所垄断。如何破除教育资源的垄断、实现全社会高等教育资源的广泛交流、提高我国高等教育的世界影响力显得非常重要，这就需要发挥学术权力在我国高校发展中的专业权。

最后，市场权力要求大学信息透明公开。信息公开是把知情权、参与权和监督权结合在一起。伴随着我国政治体制创新的步伐，更充分的信息不仅服务于保护消费者的目的，而且也可以提高生产者的效益。产品的质量信心可以激励生产者投资于质量改进中，进而更好地在市场上进行竞争。我国近年来陆续有单位或团体发布我国大学排行榜，这种全面丰富的"消费者导向"排行信息的公布，需要我国高校的学校声誉、学生保持率、学术研究成果、专业排名等多维度和多指标的权重展示。这些事关高校教育质量的信息的大量公开，需要我国高校的行政权力行使管理权，政治权力发挥调控作用。

二、问责权

高等教育所倡导的机会公平和社会公正既符合当代社会的发展趋势，也体现了高校所具有的政治性特点。我国高校构建合理制衡的权力结构，不是简单地剥除国家和政府对高校的控制权，而是为了以党委为代表的政治权力能够找到适合自身的权力领地，正确发挥高校"举办者"的作用。

首先，明确党对高校的领导地位。高校的政治权力是国家权力在高校中的具体表现，决定着高校发展的基本性质，决定着高校人才的培养目标以及高校人才的培养标准等重大课题。政治权力是我国特色社会主义高校的本质要求。《中华人民共和国高等教育法》明确规定："国家举办的高等教育实行我国共产党高等教育基层委员会领导下的校长负责制。"党委领导下的校长负责制是我国高校的管理特色，可以确保培养出合格的社会主义事业人才，更好地贯彻党的教育方针。这也是明确规定的高校内部管理体制。其次，确保高校相对独立的办学自主权。高校的政治权力实际是政府权力在高校的延伸和扩展，改变全能政府的管理理念和态势，向服务型和有限型职能转变，赋予高校办学自主权，坚守政治权力应尽的权利和义务不越界。最后，创新高校政治权力观念。在公共管理理念盛行的当下，我国高校的政治权力主体校党委也应顺应时代要求，勇敢迈向宏观调控理念。校党委将不再以统治者的身份来治理高校，而是以合作者的身份。由事无巨细的微观管理演变为关注所有权力和权力主体的利益，鼓励教师、管理者、行政人员、学生、学生家长、社会用人单位、校友等人士参与高校治理，建立广泛吸纳各方利益代表参与的治理机构，使这些利益相关者平等参与高校治理。

政治权力作为高校行政权力、学术权力和市场权力的体制保障，可以通过探索西方国家的高校决策联席委员会模式来调控高校行政权力的运行和保障学术权力的自由，通过市场权力的检验和反馈，创造符合时代要求和国家发展需要的特色高校。

三、管理权

行政权力是确保高校运行效率和运行秩序的必要机制。高校行政权力管理权的划定是为行政权力在高校运行过程中设置的合理的权力边界，即通过以校长为首的行政管理人员的管理工作上，提高学校履行职责的效率。高校的行政权力以校长为代表，主要体现在行政组织协调工作，其管理目的、管理运行方式及管理结果反馈都要求以校长为代表的行政权力具有高校大局观，保证整个高校运行有序，正确发挥高校"办学者"的作用。高校行政权具有一元性特征，一所大学只能有一个行政权力系统，权力的运行是自上而下逐级实施的，最后实现行政权力的目标。高校办学规模的不断扩大和内部管理的日益复杂都对行政权力的发挥带来了挑战。

高校的行政权力致力于实现人才培养、科技进步、社会服务、文化传承创新四大职能。可以通过两个方面来实现：一方面，代表国家和政府管理学校，发挥管理者职能，主要通过科研和教学来实现合格人才培育、人才智力发挥、研究型与实践型科技成果孵化等社会价值实现过程输出；另一方面，履行高校内部自我管理的掌控者形象，主要通过协调组织机构运行、完善自我管理模式、提高高校内部资源配置、构建高校特色文化底蕴等自我价值实现过程流转。上述行政权力管理职责活动原则必须以高校的政治权力为依托，以学术权力为基础，以市场权力为标杆，实现高校的内涵式发展。

四、专业权

学术权力是大学精神的体现，是大学内在逻辑的客观要求，是大学本质特征的外化，也是建立现代大学制度的核心。学术权力以高校学术委员会为代表，参与主体是高校教师，主要依靠学者自身的权威，采用自上而下的运行方式，是高校权力的基础。学术权力在决定招生、考试、毕业和科研等方面拥有不可动摇的地位，具体来说就是让最有资格学习的人进入高校，了解他们是否掌握了知识，是否应该获得学位，是否有资格服务社会。专业权至少包括高校课程设置、教学自主权、教育评价权和文凭认定权，这就需要高校成立学术委员会、学位评定委员会和教学工作委员会等高校内部团体组织来实现学术权力的独立行使。

（1）学术委员会：由科技处和研究生部负责人以及各学院和重点实验室中具有正高级专业技术职称的代表组成，承担学术决策作用，具有学术水平评价、科研项目申报、科研项目评审、学术道德评审、学术规范教育、学术诚信教育、学术不端行为审查等职责。（2）学位评定委员会：以学科分布为主，由科技处和研究生部负责人、分委会主席及具有正高级专业技术职务的代表组成。承担学科学位评定作用，具有审议学位点申报、学位授予、学位撤销、指导教师审查等职责。（3）教学工作委员会：具有审议学校教学工作规划和重大教学创新方案，指导全校教学工作；审议学校专业建设、课程规划、教材编订、实验室及实践教学基地建设；审议教学奖项评审，推荐各类奖学金；审议学校教学管理规章制度；审议学校教育教学研究及项目课题申报；开展教学调研等职责。

学术权力肩负高校生态系统中的特定组织使命，力求实现教学自由、学习自由与研究自由，与行政权力一并主导高校内部事务的决策，尤其是对于行政权力干扰学术自由权的行为活动，必须坚守持之以恒的学术理性和自由平等的学术资格，重视学术权力的基础建设和学术人才的自我权益保护。

第四节　健全机构设置

一、决策机构

由于我国高校的政治权力与行政权力被统一为行政权力，政治权和行政权的权力制衡使得决策机构和行政机构必须相互独立。实际上，我国公办高校目前还没有成立专门的决策机构，即大学决策联席委员会。大学决策联席委员会包括：高校党委、教育机构代表、教师代表、学生代表、校友代表和社会知名人士代表等。大学决策联席委员会的组成首先需要高校内外构成主体和外部联系紧密者，决策联席委员会的成立和职能行使要依据大学章程的具体规定，其常设机构是高校党委办公室，下设三个处，包括共青团、国有资产处和组织处。大学决策联席委员会不介入高校具体管理过程，根据大学章程对行政权力的越界行使进行阻止，对学术权力的违章进行问责，并对二者权力的冲突进行调和。大学决策联席委员会融合了行政权力、学术权力、市场权力和政治权力的代表，进行高校内部自我控制与管理，自我决策、自我审视自身发展过程中的问题和重大事项。大学决策联席委员会的召开程序和成员构成及决策制定和具有实施均由高校章程规定，是高校总体决策和方向性、政治性的决策机构。

二、行政机构

高校的行政执行发起人是校长。校长办公会包括校长和行政各处处长，主要针对高校内部事务进行行政执行，召开的频率高，参与执行的人数多，执行的效率高，关注的对象细，其主旨是服务高校、服务师生、提供保障。校长办公会的常设机构是校长办公室，负责组织、安排和协调校长办公会的召开和高校事宜及对外事项的发布。在大学章程的制度安排下和政治权力的委托代理关系下，成立以校长为首的行政执行机构。下设人事处、财务处、医务处、总务处、就业处、保卫处、外联处等校级层面行政服务保障机构和各学院里设置的院级层面行政服务保障机构，其中学院办公室由辅导员和学院行政主任等行政人员构成。

三、学术机构

在大学章程的制度设计和保障下，成立学术委员会、学位委员会和教学委员会三大学术自治机构。三大机构分别设有学术工作部、学生工作部和教学工作部，管理高校的图书馆、电教中心、实验室和出版社，负责高校学生的招生、录取、选课、学术活动、学生活动、学习安排等等。高校各学院也分别成立了学术工作部、学生工作部和教学工作部的下属机构，自主管理高校师生的学习、活动、学术、科研和对外交流等。高校各学院院长是学术型人才和管理才能的选择，是学术权力的代表，不依附于行政权力而自主实施管理，以内部宽松的学术氛围和松散的组织形式来满足本院学生的德智体美等各种技能的需求。

四、监督机构

在大学章程的制度设计和权力制衡体系中，成立校友会、校企联合会、工会、纪律检查委员会和审计监察处等监督反馈机构。监督反馈不受行政权力和学术权力的影响和制约，即高校决策联席委员会需要提请重大事项审核和问责的权利义务。监督反馈机构既要监督反馈行政执行机构的机构设置和职责行使，也要监督反馈学术自治机构的机构设置和职能监督，配合高校决策治理机构做好高校自主发展的协同工作。

第五节　保障运行机制

一、优化机制设计

决策体制是运行机制高效运行的前提和基础，优化机制高效运行的顶层设计，就是要探索大学决策体制的范围、决策内容以及决策实施等活动。决策体制要服务于高校的办学定位和大学精神，决策内容要针对大学办学自主权和办学风格等宏观层面，决策实施要配合管理制度和大学章程的具体规定，决策机制要结合高校内部权力运行机制进行布置安排。其中学校办学模式和办学水平的确立是决策的核心与前提。

在行政化高校管理模式下，大学决策体制是高校政治权力与行政权力统一成高校党委领导下的校长负责制，从学校创办、校长任命、高校经费来源乃至高校教学科研等具体决策内容，都完全听命于所属政府机构。同时，高校内部决策系统主导高校发展也是基于科层制的管理模式，实行"校——院——系——室"四层管理，部门负责人实施行政长官负责制，隶属关系明显，实施行政权力运行的组织结构。政府主导的高校决策体制，在高校内部的运行来自政治权力意志表示，高校内部的评价标准和依据也是政治权力价值标准和权力价值依据的再现。我国高等教育创新正是以创新行政化高校管理决策体制和建立现代大学制度为出发点进行，"探索建立符合学校特点的管理制度和配套政策，逐步取消实际存在的行政级别和行政管理模式。"为了解决党委领导下的校长负责制决策体制带来的政治权力和行政权力泛化的问题，规范权力运行，推行专家治学，鼓励决策参与，需要重构高校内部的决策体制。

首先，完善高校党委领导下的校长负责制，深化为高校决策联席委员会和校长负责制两个决策体制。高校党委和校长的民主集中制决策体制可以深化为高校决策联席委员会和校长负责制两个决策体制，以避免政治权力和行政权力的混淆和结合。高校党委作为学校政治权力的核心，其权力来源于国家，在高校中处于统治地位。我国高校党委肩负重任，总揽全局，协调各方，统一领导，主要任务是把握正确的高校办学思路，确定高校办学目标，明确高校办学任务，体现出我国高校的四大职能，实现高校的内涵式发展。高校决策联席委员会是以高校党委为主导，由高校内部各团体和部门的党员构成，职责很清晰：遵守大学章程，把握高校方向，抓好大事，做好协调沟通。该委员会不设实体机构，仅设高校党委作为实体组织，负责委员会的召开、组织、成员资格审核、会议发布等具体工作为高校决策联席委员会服务。不参与、不干涉、不过问高校内部管理，只负责行政权力越权的纠正（大学章程）工作、学术权力与行政权力的调和与政治权力问责权的行使工作。我国高校校长作为高校的法定代表人，在高校章程的明确界定下，积极行使行政职权，全面负责高校的内部管理和组织建设。

其次，提升学术权力，体现大学精神。健全我国高校决策体制最重要的课题是培育学术权力的权力地位，使其成为行政权力的平等制衡权力。学术权力的主体是学者，按照大学章程，保护学者个体学术权力的学术自由，使学者成为自身学术工作的主导者和发起者，不依赖于行政指导，靠市场权力奠定自身的学术权威。根据高校章程，建立自我评价和选拔机制，实施扁平化、非集权、松散的自主管理模式，通过学术机构（三会）来主导和行使高校学术权威，实现学术自由。

再次，推动制度创新，树立大学章程的崇高地位。民主和法治是时代进步的标志，更是大学发展的基础，建立现代大学制度就是要保证大学的学术自由，营造学术严谨、兼容并蓄、和而不同的学术环境。大学章程是高校的最高法则标准和权力界定规范，是现代大学制度最重要的载体，还是高校政治权力、行政权力和学术权力的关系和纽带，涵盖信息公开制度、质询制度、人事罢免制度、问责制度和激励制度。针对高校校长负责制下的决策体制，需要遵守依法治校、民主管理的原则，这是社会主义政治文明在大学的集中体现。具体表现为：第一，行政决策主体参与多元化。鼓励高校师生广泛参与到学校的发展和建设中，使决策科学化、规范化和专业化。扩大高校教师的权利，教师拥有自主治学权和参与决策权等相关权利；提升学生在高校内部管理中的地位，学生是大学决策的相关利益者，学生应该而且有能力参与决策；适当削弱行政人员的权力，充分吸收校外各界人士参与高校决策，实现大学管理民主化和治理多元化。第二，决策过程参与民主化。推行校务公开，既要公开决策过程，也要公开决策结果。根据大学章程管理办法，涉及师生员工切身利益、需要师生知晓的事项以及高校的管理规章制度等，均应通过高校的网页、BBS、校报、公示栏、微信等媒体媒介及时准确地公开。第三，决策反馈沟通协调。建立决策事前意见征集、决策流程沟通、决策意见诉求归集、决策结果反馈改进等机制，保持信息沟通顺畅和回应解答及时。

二、营造机制外部环境

机制高效运行环境的构建主要着眼于两个关系的处理：一是与政府的关系，二是与社会的关系。和谐外部关系的营造一方面要弱化政府与高校的关系。首先，从高校的本质属性来看，政府与高校的监管与被监管的角色定位需要重新审视。高校是国家教育发展的重要组织，基于高等教育事业的公益属性，政府作为国家的管理机构必须对高校进行监管工作。政府监管权与高校自主权是我国高等教育管理中的一对矛盾体，过多监管势必扼杀高校自主权，过分放权将难以保证高校发展的正确走向。为了实现政府监管权与高校自主权之间的适度平衡和职责定位，需要弱化政府在高校发展过程中的直接监管权力，将其转换成契约形式的制衡监管较为合理。

现代政府理念主张有限政府、法治政府和服务型政府，目前我国正处于事业单位创新的攻坚阶段。我国高校按照《中共中央、国务院关于分类推进事业单位创新的指导意见》中的事业单位类别划分，承担高等教育等公益服务，划入公益二类。这就意味着高校的公益属性和市场属性需要被同等重视，要发挥市场配置资源在高等教育发展中的作用。在市场经济条件下，我国高校不可能脱离市场而存在，高校中的市场因素已经开始显现，例如聘用教授的价位已经远远超过政府对高校教授事业单位编制工资的限制。同时，高校也不能被市场所掌控，不能完全推向市场，不能失去培养高素质人才的公益目的性。为了保证高校发展不脱离社会主义的方针政策，最终实现国家人才培养计划的国家利益，政府对高校的监管是必要监管。必要监管即由政府直接管理转为间接管理，由微观管理转为宏观调控管理，由严格从属地位管理转为平等契约制衡管理。政府通过明确的权利义务内容来监督约束高校，就可以达到政府与高校的适度平衡。

其次，从高校的发展历程来看，政府与高校的教育行政管理模式需要变革。我国的高等教育管理自新中国成立起就沿袭苏联高度集权的管理模式，同时，政府作为高校的出资者和举办者，政府管控沿用计划经济体制的传统，加之我国数千年的官本位思想的传承，我国高校行政化是一个不争的事实。我国高校在整个构成和运行方面与行政机关在体制构成和运行模式方面有着基本相同的属性，我国高校接受政府行政管理的统一模式、统一标准和统一步调自上而下地进行建设和发展，造成高校办学自主权的本末倒置。高校内部行政人员成为学校运行的核心，教学科研人员丧失了对学校的支配权，导致高校主体出现混乱的情况。高校内部的职称考评、职务提升及价值分配，不是出自自身素质和能力而是出自对行政权力的顺应程度，造成了高校价值颠倒的现象。

为了确立高校学术权力本位的思想，实现高校行政权、学术权和民主管理权的相互制衡和监督，改变高校作为政府附属机构的历史地位，需要转变教育行政管理职能。政府不能将行政权力触及高校的内部管理事务中，需要充分尊重高校的独立主体地位。政府只需要在高校自主权的约束方面对教育目标、教育质量、人才培养、教育经费等方面进行详细约定。允许高校自主制订教育计划、自主开展科学研究、自主确定内部机构设置和人员、自主管理和使用财产。政府在高校管理方面的主要职能是制订高校教育发展规划、进行宏观调控、提出指导建议等，不干涉高校内部事务，从而与高校形成合作关系。有的学者认为在市场经济环境下，国家对高等教育的干预和调控活动是市场调节机制的一个必要补充手段，其目的是完善高等教育的管理体制和运行机制，其性质是宏观性的第二次调节。

营造和谐外部关系的另一方面是要密切高校与社会的关系。高校作为知识组织，其职能在于通过教学传承知识，通过科研创新知识，通过社会服务应用知识。传承知识、创新知识、应用知识都服务于学生和社会。塑造学生人性、完善学生人格、培养学生技能，从而为社会发展提供智力支持保障，这是大学的崇高使命。

高校的外部运行机制包括政府、家长、社区、教育机构和就业市场等多因素与高校发展和决策的资源交换和流通，在独立政府具有高校产权代理者的身份属性的前提下，弱化政府与高校的关系，高校通过何种方式和办法加强其他社会资源的获得和输出成为高校发展的集中指向。

高校与社会的关系在不同的社会发展过程中呈现出不同的表征，从农业时代处于社会体系之外到工业时代处于社会体系边缘，再到知识经济时代处于社会中心，高校与社会的互动发展、渗透结合和共赢共存是源于二者的交集。高校的科技创新和人才优势能够形成高校教育的产业化和信息化，这恰恰满足了社会的自身需求，在社会区域经济发展、产业科技进步和谋求发展的基础上与社会产生互动。互动的内涵包括合作项目、教育基地、继续教育工程、工程研究中心、远程教育、科技园、绩效技术和管理理念等多方面。高等教育不断适应社会发展的要求是二者互动的动力基础，合作共建联合机构是二者互动的运行保证，需要通过政治、经济和法律手段进行调控落实。现代社会与高校的关系可以概括为社会需要和资源输送满足高校的内部发展，高校秉持开放自由民主的精神充当社会前进的精神导师。

但是高校与社会的密切联系是建立在高校独立自主办学的前提下的，即高校是为社会服务的教学科研中心，不是社会企业的一分子，高校的办学自主权和财政自主权基于政府的投入和问责调控，不会用市场规律来主导高校发展。国家和社会的文化和精神等无形资产以及基础知识研发和社会公共利益至上的教学理念是大学所必须坚守的阵地。与此同时，社会对大学的认同和资源投入是有条件的，要求更多的社会参与和决策反馈。

高校与社会的这种"若即若离"的良性互动关系可以表述为：若即是高校与社会密切联系，互融互洽。若离是思想、理智活动的独立和与高校外部运行机制保持相对独立；高校与社会的良性互动主要表现为：一方面，社会是高校的外部环境和基础，高校以社会为存在前提，通过汲取社会文化和社会资源完善自身；高校的人才培养和科技输出对象是社会，以满足社会需要和人类发展为社会价值追求。另一方面，高校作为社会的中心力量，指导社会体系的健全和完善，同时接受社会体系的适度介入和环境影响。

我国高等教育管理创新中的运行方式需要接纳高校与社会的"若即若离"的良性互动关系。高校毕业生要在生源市场、教师市场和院校市场中保持竞争力，必然要提高学术质量，采用最有效的学术管理办法，否则就会面临生存的危机。

考虑到学术知识的复杂性和动态变化性，我们认为，在竞争性的学术市场中，专业的自我管制仍可能是最有效的保证学术标准的方式。同时社会融合到高校教育的知情选择权和参与权能够多层面和多角度地参加高校决策和高校管理的具体工作，行使平等地位的参与权，使个人和社会利益与高校团体利益形成利益共同体，促进高校与社会的和谐发展，形成开放、负责、宽容、平衡的互动状态。

三、建构机制内部设计

在高等教育管理创新运行方式的关系理顺中，高校的内部关系是创新成功的重要保证。大学管理根本上是以学术为中心的管理，其目的是促进学术的发展。学术管理的基础是学术思想的自由和探索的自由，发挥学术权力的主导作用，贯彻学术自由、民主管理的原则，在大学内部营造民主的宽松的学术氛围，为科学创造提供良好的学术环境。理顺大学内部关系主要是协调行政权力和学术权力的关系，落实高校办学自主权，遵照大学章程，依赖高校内部合理的机构设置，实现高校善治。本质上来讲，理顺高校内部关系是多中心化的治理过程。

首先，健全和完善大学章程。大学章程是高校内部权力运行的法制基础，是大学内部权益相关者的制度化规范文件，是大学管理运行的纲领性指导。大学章程必须对高校内部行使问责权、管理权、专业权和参与权等进行制度性的规定落实，为高校管理创新提供依据。其次，优化高校内部决策权力结构，确保学术权力在学术管理中的主导作用。明确三会（学术委员会、学位委员会和教学委员会）的具体职责，行使学术范围内的决策、管理、监督、实施和咨询职能，加强三会的组织建设、人才建设和制度建设，依据大学章程坚守学术道义、大学精神以及校训。建立质量为上的学术评价制度，建立公开、透明、公正、严格的聘任、晋升、科研激励制度，让学术管理回归学术本位。凸显严谨求实的学术态度和风气，确保学术评价活动的独立自主评议。再次，完善大学校长负责制，提高行政管理水平。依据大学章程，完善规范大学校长行政权力的行使范围和权限，使其专注于服务学术、服务学生和服务学校的目的。大学校长具有教育管理能力和现代管理能力，对大学行政事务进行全权处理，接纳吸收市场权力的决策参与咨询和意见反馈，公平处理校务与学术的从属与主体定位纠纷，尊重学术、尊重教授、重视人文建设。促进高校内部组织机构设置扁平化，提升行政管理人员的服务意识和业务技能水平。完善高校人事制度、后勤管理制度、财务管理制度、信息管理制度等行政管理具体制度。

第四章
高等教育教学理论概述

第一节　高等教育教学本质及其特征

一、高等教育教学的作用与功能

高等教育教学的作用与功能就是教学活动的基本目标与任务，它主要源于三个方面：教师的需求目标、学生的需求目标、社会的需求目标。以前，受高等教育教学活动社会本位思想的影响，一些国家特别是实施集权式管理的国家，其高等教育教学活动的作用与功能被"国家化"甚至"政党化"，教师就是国家对学生实施教育驯化的工具，而学生则是教育驯化的对象。但在高等教育逐步发展、受教育人群日益扩大的形势下，社会本位的教学功能不断弱化，"以人为本"的教育思想越来越占重要地位。所以，教学活动的目标必须同时考虑教学活动主体，即教师和学生的个人需求。教师通过教学传播知识，促进自我的进一步探究，同时引导学生获得专业技能的训练，从而获得满足感与成就感。学生通过对社会愿望、个人兴趣以及基本能力的综合考虑，主动接受高等教育、参与教学活动，以达到身心和智力的全面发展。社会对教学活动的需求可能是具体而分层次的，教师和学生对教学活动的需求可能是抽象而含糊的。对这种矛盾冲突的认识和化解有利于教学方法的创新。

二、高等教育教学的主体与环境

高等教育教学的主体与环境是教学活动赖以开展的基本条件。教学主体就是有目的、有意识地进行教学实践活动和认识活动，并在教学活动中确立和体现主体地位的现实的人。这里的人包括三层含义：现实的人、动态发展的人、个体与群体相统一的人。因此，学生也是教学活动的主体之一。教学环境是相对于教学主体而言的，它包括教学活动中除主体之外的一切物质的、时空的、媒介的关系等方面，尽管环境在教学活动中处于从属地位，但对实现教学目标有极其重要的影响。

三、高等教育教学的形式与内容

高等教育教学的形式与内容往往表现得最为具体、生动，既反映内容与形式的对应关系，又反映形式与环境的协调关系，还反映教学活动直接主体（教师与学生）与间接主体（教学管理者）协商一致管理的特征。单从教学活动形式来看，就是内容、环境、主体的统一，如课堂教学、课外练习、社会实践就是三者关系的不同组合结果。如果从教学活动主体的作为来看，则有讲授活动、听课活动、师生研讨活动等，不同的活动，各自主体地位的表现是不同的。高等教育教学内容是与教学目标紧密相连的，尽管目前我国高等教育教学的计划性正在减弱，但总体上依然比较强，也就是说从国家或社会本位出发对专门人才的知识和技能体系有一个制度设计和进程安排，教学内容按照这些制度和进程逐步展开。现在，我国开始注意发挥教师和学生的主动性，对教学内容的选择权有所放开，但与教师自主裁量教学内容和学生在完全学分制下自由选择教学内容还有相当的距离，至少学生的职业规划与学校的学业指导工作短时间内难以跟上。

四、高等教育教学的特点与过程

高等教育教学的特点与过程是联系在一起的，教育与教学是一个循序渐进的过程，世界上没有任何一种瞬时性的教学活动，过程性本身就是教学活动的普遍特点，因此很多学者用"教学过程"代替"教学活动"，专注于研究高等学校教学过程而不刻意研究高等教育教学活动也是可以理解的。只是过程性特点不为高等教育教学所特有，所以将两者混淆是不合理的，无论是对高等教育教学活动的瞬时考察还是从教学效果进行分析，高等教育教学活动的特点都是十分明显的，具体如下。

其一，专业性教学与综合性认知相结合。高等教育与基础教育的最大不同就在于知识的专业系统性，它属于建立在基础教育之上的专业教育，教学目标和内容按照不同学科专业领域的知识体系进行设计，教学组织形式也分专业进行。同时，高等教育教学活动的综合性认知也十分明显：在专业性教学内容与教学情景中，学生的知识、能力、素质得到全面的培育，即使是一门十分专业的课程，教学活动对学生的影响也是综合性的，其在课程设置和活动设计中会安排有一定分量的与其基本素质和能力训练有关的内容和项目，对学生的培养是多方位的。其二，隐性教学与显性教学相结合。高等教育教学活动对人才培养的影响作用趋于多样化，传统课堂的直接影响、作业与练习的直观影响等属于显性活动部分；还有许多潜移默化的教学活动，比如一次学术报告会、一次参观学习、一次社会调查、教师对学生的一次表扬或批评等，这些看似并不规范的教学活动属于隐性教学活动，它的教育意义以及对学生的影响绝不只是现场表现出来的结果，而要比现场结果深远得多、广泛得多。教育中所谓的"启发""养成"，其实就是对这种隐性教学活动功能的表述。其三，教学活动与科研活动相结合。科学研究活动是人类有意识地探究世界的实践活动，我们说高等教育教学活动是一种接近于人类认识世界的实践活动的有效组织方式，本意就在于表明高等教育的教学活动不是纯粹的知识传授活动，也不是纯粹的师生交往与情景感悟活动，而是有目的地引导学生学会认知和探究世界的方法、训练学生基本认知能力的活动。如果说本科生教学对这方面的要求只是初步的，那么研究生的教学则是典型的认识已知与探求未知的统一，是教学活动与科研活动的统一，教师和学生在各自的教学活动任务中都可以实现认识已知与探索未知的结合。

五、高等教育教学的构成要素

高等教育教学是一个以动词为主的、内涵比较宽泛的偏正词组，它可以指学校为实现人才培养目标所组织的任何行动。由于各校、各学科专业的人才培养目标、质量规格和层次要求不同，高等教育教学活动也表现出较大的差异性。但就每一个具体教学活动单元的结构来说，它们又有许多相似性，即都是由若干个基本相同的要素构成的开放性系统，不同的教学情景就由这个系统中的要素的不同组合产生。

关于高等教育教学活动构成要素的研究，历来有不同的争论。有的从共时性角度而有的从历时性角度分析，有的从关系角度而有的从表象角度分析，有的从深层结构而有的从表层结构分析，不同的分析角度决定了不同的分析结果，以至于出现从"三要素说"（教师、学生、教材）到"七要素说"（学生、教学目的、教学内容、教学方法、教学环境、教学反馈、教师）的巨大差异。客观地看，这种差异是正常的，特别是更加精细的结构要素划分，只要在逻辑上没有包含或遗漏，就应该得到提倡。联系高等教育教学活动的几个特点，我们认为一个比较完整的具体教学活动应该由教学主体、教学目的、教学信息、教学媒介、教学组织、教学环境六个要素构成。

关于教学主体：以前往往以机械认识论为理论基础从施教与被教的角度考虑，认为教育参与者包括作为教育者的教师和作为受教育者的学生两个方面，即教学主体是教师，教学对象是学生。这实际上忽视了高等教育教学的特殊性，因为隐性的教学效果、探究性的教学活动都依赖于学生主体性作用的发挥，所以教师与学生是高等教育教学活动的共同主体。关于教学目的：这是所有教学活动的基本要素，只是不同的目的有层次上的高低差别。即使是高等教育的教学活动，其目的也有层次之分，比如一个专业培养方案中的教学目的、一门课程的教学目的、一节课堂的教学目的等。就教学方法研究需要而言，这里的教育目的主要指一个课堂之类的教学活动的目的，其中有比较抽象的一般要求，也有比较具体的内容和技能目标。关于教学信息：以前通常用教材以及教学内容来表示。但实际上，教学内容有一部分应该包含在教学目的之中，作为目标性任务加以明确。同时，教材是教学内容的传统载体，但鉴于现在高等教育可供使用的教学材料日益丰富，教材在高等教育教学活动中的地位越来越微不足道。关于教学媒介：教学媒介就是教学方法及实施方法的手段，由于现代教学技术在飞速发展，传统的方法归纳已经不能准确反映教学活动实际，很多现代教学设施和技术被应用到高等教育教学活动中，它们究竟属于什么方法尚未明确界定。因此，我们统称其为教学媒介，既包含了传统意义上的教学方法，又包含了现代教学技术，它是传递教学知识和信息、增强教学信息刺激强度、提高教学影响效果的途径。关于教学组织：没有组织就没有活动，就一个教学活动来讲，教学组织不可缺少。在什么样的时间和空间、由哪些教师和学生参与、参与人员的规模以及教师或者学生在教学时间内的教学秩序维护等，都是教学组织的内容。还有教学评价，但它属于教学过程与质量管理范畴，不属于教学活动的内容。关于教学环境：高等教育教学环境对教学活动的影响越来越大，根据教学活动的需要，不断对教学环境进行必要的调节和控制，有利于教学活动的顺利进行。经过选择、净化、提炼和加工处理的教学环境有利于教学主体实现追求真理、掌握知识、发展身心等目标。

六、高等教育教学模式

（一）"集中式学习"的教学模式

相对来说，"集中式学习"是一种较为传统的教学模式。"集中式学习"是以教师为中心，即由教师根据教学计划中统一规定的课程内容和教学时数，把学生集中到一起按照学校的课程表进行分科教学的一种组织形式。该教学模式强调教师的主导作用。当教学规模不是很大时，这种组织形式相对来说是比较经济、有效的。

教师的主导作用易于发挥，便于教师组织、监控整个教学活动的进程，这是其一；其二是有利于教学管理，使教学有目的、有计划、有组织地进行；其三是有利于自然学科的学习，自然学科中许多内容需要进行演示、分解和剖析，有些内容须学生亲自去感触；其四是有利于学生之间以及师生之间的情感交流，充分体现情感因素在学习过程中的重要作用。尽管"集中式学习"有上述优点，但它在高等教育教学活动中存在的弊端是十分明显的。首先，这种教学模式无法解决学生参加学习时存在的工作与学习的矛盾、家庭与学习的矛盾以及分散居住与集中学习的矛盾；其次，它忽视了成人学生在学习活动中不同于其他学生的自主性和独特性；再次，"集中式学习"过分强调标准化、同步化和模式化，整齐划一是这种学习方式的目标追求，对成人学生知识的扩展会产生不利的影响。针对学生在学习过程中凸显的矛盾和问题，要真正保证教学效果、提高教学质量就必须对现有的单一教学模式进行改革。

（二）"分布式学习"的教学模式

随着经济形势和信息技术的不断发展，社会总体人力资源的需求形势也发生了巨大变化，对各类高素质、高学历的专业技术人员的需求达到了一个新的层次，对各类高等教育提出了更高的要求，并使得传统的教学模式受到了极大的挑战。

新的信息技术开始在教学活动中广泛应用，计算机网络的发展能够使教学内容得到有效的远距离传递，学生可以不必像以往那样，全体集中到一个地点，由教师面对面地传授知识。电子邮件可以支持学生之间、师生之间的交流与合作，解决学习中的问题，开展各种讨论，使教学模式不再单一。因此，"分布式学习"的教学模式应运而生，并迅速以自上而下的政策推广形式，借助国家高等教育的政策手段投入到各地的办学实践中。"分布式学习"是远程教育的建构主义，采用建构主义的学习环境的设计思想，将传统的以教师为中心改变为以学习者为主体，着重于为学习者提供丰富的资源，使他们能够建立自己的认识和理解。

目前对"分布式学习"的教学模式的理解有几种不同的观点，如：美国及很多国家的学者认为"分布式学习"和远程教育是一样的，指的是各种不同于面对面教学的教育；还有的认为，"分布式学习"是指开放和远程教育在传输课程时逐渐向使用新信息技术转变；另有观点认为，"分布式学习"可作为人机交互工作的一个整体。虽然对"分布式学习"有各种不同的描述，但"分布式学习"实际上是一种教学模式，它强调的是"分布"，强调为学习者提供灵活的、突破时空限制的教育，适应社会经济发展以及对人才的需求。"分布式学习"教学模式的出现，使面对面教育和开放远程教育之间的界限逐渐消失而趋于融合；增强了以学习者为中心的意识，能够更有效地促进学习者的学习；它还使我们认识到要根据时空分布方式的变化调整学习和教学策略："分布式学习"强调的是学习环境，学习者分处在不同的环境中，有着共同的任务——在"分布式学习"环境中共同合作完成学习任务，这种学习是不同环境的分布，不一定受限于正式的机构设置。

随着教育的全球化，"分布式学习"环境也要具有国际化思维，适应来自不同文化背景的学习者。可以说"分布式学习"是未来学习方式发展的一个新趋势。也有人认为"分布式学习"模式可以结合传统课堂教学应用，可以结合远程教学应用或可用于创建有效的教学课堂。学生可能是身处远方参加远程教育，也可能是集中式学习中的一员，但他们在索取资源、吸取知识时，所利用的资源不仅仅局限于教师或者某个机构，而是充分利用现代信息技术，利用分布在各个不同地方的资源，使学习资源远比以往的单纯的传统课堂授课方式要丰富得多，"分布式学习"所强调的是资源的非集中化。另外，"分布式学习"的教学模式除了可以使学习者获得丰富的资源外，还可以是传统课堂授课方式的补充和灵活运用，如可通过电子邮件交作业、答疑，通过网络与教师、学生甚至专家进行交流和讨论，等等。这一教学模式在成人教育教学活动中的优势十分明显，首先它解决了成人学生在学习中存在的工作与学习、家庭与学习、分散居住与集中学习的诸多矛盾；同时它丰富了学习资源，使学生获取知识的渠道更加宽广，教与学的方式变得更加灵活，学生学习的自主性也得到了加强，对学生发现性学习和研究性学习能力的培养也起到了很好的促进作用。

（三）"双元制"的教学模式

"双元制"的教学模式也可称为"双轨制"教学模式，是德国在100多年来传统的学徒培训制度的基础上发展形成的。"双元制"中的"一元"指职业学校，另"一元"则指企业，学校承担文化学习和基础技术理论学习，企业承担职业技能培训，两元结合完成教育任务，故称之为"双元制"。"双元制"是学校与企业分工协作，以企业为主；理论与实践紧密结合，以实践为主的一种成功的教育模式。学生在企业里接受职业技能培训的同时又在学校里接受专业理论和普通文化知识的教育，这样既能够使学生具备毕业后立即上岗的能力，又通过学校教育使之基本素质得到提高，从而具备继续学习和终身学习的基础。

"双元制"教学模式具有以下特征：职业培训在两个完全不同的地点进行——企业和学校；受训者兼有双重身份——学生、学徒；培训者由两部分人担任——实训技师（师傅）、理论教师；教学内容原则上分两部分——企业培训按政府的培训条例和大纲进行，学校教育按国家和省级教育主管部门公布的教学大纲进行；教学管理受不同法规约束——企业培训由政府管理，受政府的法规、条例等约束；学校教学由教育主管部门管理，受教育类法规约束；经费来源有两个渠道——企业培训的费用由企业承担，学校教学的费用由政府和学生承担。除上述特征外，"双元制"教学模式还具有以职业能力为本位的培训模式和以市场和社会需求为导向的运行机制。

"双元制"在20世纪90年代引入我国的高等教育，成为一种特点鲜明同时富有成效的人才培养模式，经过多年的发展，取得了一些成就。已经有许多实践性较强的专业采取了这种教学模式，例如汽车维修、炼钢和轧钢、保险、物业管理、机械制造和医疗等。"双元制"教学模式的应用在我国成人高等教育的发展中提供了宝贵的案例资源，从中可以看到"双元制"教学模式的以下优势。

第一，改革了专业课的课堂教学模式，促进了学生技能的提高。"双元制"教学以职业能力为本位，各院校在实践中都突出了实践性的原则，使学生在学习的同时获得职业工作的经验，与传统的课堂型职业教育形式相比存在明显的优势。第二，加强了学校与社会和企业的联系。"双元制"教学模式打破了传统的封闭的办学方式，由学校和企业共同承担培养学生的责任。因此，学校在办学中增强了与外界的沟通，更多地了解了社会和企业对人才的需求情况，克服了以往办学的盲目性。第三，加快了师资队伍的建设，教师的理论水平和实践水平都有所提高。"双元制"的办学过程提高了专业教师的实践能力，改变了以往的教师基本上是学科型的、实践能力不高、动手能力不强的状况。第四，各院校借鉴德国"双元制"教学模式，改革了课程结构，丰富了教学内容，使教学方法灵活多样，促进了教学模式的改革。

第二节　高等教育教学观念及其发展变化

一、高等教育教学思想观念及其核心内容

（一）高等教育教学活动主体

教师主体论源于以赫尔巴特为代表的"教师中心说"，是长期统治教育研究与指导教学活动的主导流派。该派的观点认为，在教学活动中，教师是唯一的主体，学生是用来供教师加工、改造的，与教学内容一起构成教师教学活动的对象，属于教学客体。学生主体论源于以杜威为代表的"学生中心说"，其基本观点与教师主体论相反，认为教学活动的唯一主体是学生而不是教师，教师和教学内容都是被用来塑造和加工学生的，是其成材的工具性对象，是教学客体。而教师学生双主体论则改变了上述单一主体论的思路，提出教师和学生都是教学活动的主体的观点。在一个完整的教学活动内，就对教学效果的最后影响来说，分不清教师的能动作用大还是学生的能动作用大，只能是两个主体并存、共同协调的结果。这时的教学内容、教学设施、教学环境等基本上就属于辅助性的东西，属于教学客体。

其实，对教学主客体的辨析有一个基本的逻辑起点，就是从哲学引用过来的主体概念是基于什么哲学观点的，是本体论的观点还是认识论的观点。显然，从本体论出发，只能有一个主体，而从认识论出发，选择的认识活动角度不同，就会得出不同的主体结果。教学本身就是一个复杂的系统，从教学作为社会活动的实践关系出发，毫无疑问教师是主体，学生是客体；从教学活动的价值关系出发，学生必然是主体，教师是客体；从认识活动的全面关系出发，则教师与学生都属于主体，客体只是那些主体之外的教学活动要素。提高对教学活动主体的认识，有利于调动教学活动要素的积极性。那些单方面强调教师主体地位的观点，对教师的工作积极性、主动性与责任心有极大的激发作用，但很多情况下，教师的一厢情愿往往达不到好的教学效果，久而久之，教师的这种积极性也会消解。那些单方面强调学生主体地位的观点，有利于激发学生自我教育、自我学习和自我塑造，也有利于教师在教学中贯彻促进学生全面发展的理念，但如果缺乏教师的正确引导，往往也不能得其门而入，最后效果并不如意。教师和学生的双主体地位，

可以比较全面地调动教师和学生在任何教学活动中的积极性，根据实际需要各自发挥应有的作用，共同完成教学任务，实现教育目标。从高等教育教学活动的特点来看，这种双主体观念更符合教学实际。教师和学生在教学活动中的主体地位的认可，不是什么权益之争，而是在于责任的归属。教师和学生对于那些作为客体的已知知识、未知知识的认识与探求是共同的，因此在这种"既认识已知又探索未知"的高等教育教学活动中，教师和学生属于共同的主体是不应该有疑问的。

（二）高等教育教学活动主体关系

一般来说，任何活动都存在主体与客体的关系，如果按照两种单一教学主体的观点，无论谁为主体谁为客体，都是主客体关系。但是，高等教育教学活动的主体是双重的，不同主体之间必然构成一定的关系，因此，很有必要探讨教学活动的主体关系。至于高等教育教学活动的客体，在教学活动双重主体的前提下，它与主体之间的关系比较简单，一方面服从于主体的需要，另一方面充当连接两个主体的纽带。

高等教育的教师。高等教育的教师是教学活动任务的具体组织者、承担者。教师群体是高等学校履行人才培养职能的直接人员，他们还在自己的专业领域中肩负着科学研究和社会服务的使命。高等教育教师作为一个群体概念，包含所有在高等学校从事与教学活动相关工作的专业人员，既有教学第一线的任课教师，也有以科学研究为主要任务的研究人员，还有实验、实践教学以及教学活动组织管理第一线的教学辅助人员。高等教育的教师作为一种社会职业者，具有较高的社会地位和重要的教学主导地位。人们常常把高等教育的人才培养和学术水平看成一个国家文明进步的标志，对履行这两项职责的高等教育教师寄予厚望。另一方面，在高等教育教学活动中，教师对教育内容的选择、教学活动的调节、教学进程的把握、教学手段的改造等起着主导作用，因而是教学活动的主体。

总之，高等教育教师肩负着比较多的教学职责。第一，要肩负传授知识，引导学生掌握学科专业基础知识、基本理论和基本技巧，培养和发展学生智力和专业能力的职能。第二，要在教学活动之中通过隐性手段启发和培植学生良好的道德、情操、意志与美感，关心学生的全面成长。第三，要精心组织和设计教学活动，不仅要注意课堂教学活动的组织，还要有由课堂延伸到课外的答疑辅导、作业评判以及相应的实验和实习实践。第四，为了更好地服务和改进教学，必须不断地开展专业领域的科学研究和教学研究，以引领学生及时了解科学前沿，改善教学方法，丰富教学内容。在这些基本职责中，最基本的两项是教学和科研。能否成为比较合格甚至优秀的教师，关键就在于这两项职责的履行情况。这两项职责任务完成得好，不仅可以相互促进，还可以带动其他职责的更好完成。实际上，中外的高等教育都有不少教师并不能比较好地兼顾两者，相当多的教师把自己的教学目标定为传授课程知识、介绍本领域的概念和方法等，很少关心学生的一般智力发展和个性发展。他们作为教学内容方面的专家，与本领域的其他人共同具有专门化的知识、概念、话语和方法，但作为教师，尤其是本科生的教师，他们则难以形成学生共同认可并乐意接受的训练方法，丰富教学活动的知识和理论。

高等教育教师肩负的职责决定了他们的劳动特点，即教学手段的自主性与教学活动的示范性、教育对象的能动性与教学情景的复杂性、教学过程的长期性与教育影响的滞后性、教学方式的个体性与教育成果的集成性。面对这些特点，有的教师会从积极方面进行力所能及的改进，甚至形成个人教学风格。比如以教学内容为中心的，就以尊重学科为特点，着重教给学生系统的知识和原理；以教师自我为中心的，则相信自我的榜样作用，让学生陷入角色模拟的境地；以智力为中心的，则以训练学生的智能为目的，一切的知识和环境都只是用来训练的道具，知识和技能本身不是他们追求的结果。这些都是有特点的教师，但还不是"全能的教师"。良好而全面的教学活动，应该是教师的知识、师生现实的探究、教师引人入胜的个性、人格和激励学生学习动机能力的高度复合。可见，当好一名高等教育教师实属不易。

高等教育的学生。高等教育教学活动的主要参与者除了教师就是学生，不仅高等教育如此，任何学校的教学活动都离不开教师和学生，二者缺一不可。学生的积极参与不仅丰富了教学活动的内容与形式，也在很大程度上决定着教学活动的最后效果。高等学校学生的构成是十分复杂的，而且随着高等教育大众化的推行、终身教育观念的深化和学习化社会的建立，到高等学校接受教育的人越来越多，学生构成也越来越复杂。一般来说，高等学校的学生不分种族、地域和性别，在年龄上处于青年中期，个体的生理发展接近完成，心理变化趋于稳定，自我意识日益增强，已经接受了基本的基础教育。但这只是高等学校学生的基本规定性，实际上，世界各国高等学校的学生要比这复杂得多。就我国来说，目前本专科学生在主体上大致符合以上的规定性，但随着 21 世纪以来高等教育政策的调整、大众化教育的发展，以及更多少年的提前入学，高等教育学生在年龄、心理、生理等方面均已突破原有的规定和认识。如果将硕士、博士研究生考虑在内，这种基本界定就显得更加局限和狭隘。

为什么参加高等教育的学习，是了解学生的学习目的和动机的重要依据。高等学校学生的学习目的动机又是高等教育教学活动的重要影响因素，也是学生作为教学活动主体的重要标志。只有那些目的明确、动机纯正的学生才能在高等教育教学活动中发挥积极的主体作用。无论高等教育关于人才培养目标的理想设计如何，学生的实际学习目的与动机都不一定与之完全合拍，但学生的要求只要是合理而可行的，就应该得到满足。研究表明，多数高等学校学生认为，他们到高等学校学习是为了接受职业的或专业的训练，获得发展自己和个人兴趣的机会，最终获得较高的收入。学生学习的态度与方式倾向是什么，这个问题的回答涉及学生的多个方面。目标决定态度，基础决定方法，情感决定倾向。目标明确的学生其基本态度是积极的；知识基础、能力基础强的学生，其学习方法和参与程度必然得当；依赖型、独立型、表现型、沉默型等不同情感类型的学生，其对教学活动的态度与影响也不完全相同。

（三）高等教育教学活动主体关系模式

教学活动也被理解为教学主体之间的人际交往活动。高等教育教学活动拥有多个主体，每一个教学环节都包含了各教学主体的交往关系，每一对主体关系动力的平衡与消长都影响着教学活动。高等教育教学活动具有明显的个体性与综合性特点。这就是说，教师的教学既是个人的劳动表现，也是群体的劳动表现。一个教师不可能教好一个班级，培养出一批人才，甚至不可能完整地教好一门课程，必须有教学助理、实验人员以及班主任等相关辅助人员的共同参与才行。学生的学习也是如此，纯粹单个人的学习有时不能很好地完成，我们强调开展主体性教学，所依靠的不只是单个学生的主体性，还包括建立在每一个学生主体性发挥基础上的协作教学与合作探究。所以，高等教育的教学主体实际上有 3 对主要关系：师生关系占主导地位，师师关系和生生关系居次要地位。

师生关系是任何学校的教学活动都普遍存在并被高度重视的一种行动主体对应模式。它是以教学任务为中介，以"教"与"学"为手段构成的特殊社会人际关系，是高等教育最基本的、在教学活动中占主导地位的人际关系。人们对这种关系的认识也在不断发展变化，就其结构来说，传统的理解就是教师对学生"一对一""一对多"的主从关系，这在高等教育教学活动中的表现就是：在课堂教学上，教师读讲义、做演算，学生记笔记、做练习；在课程设置上，必修课多选修课少；在教学管理上，实行学年制，按一个标准来要求所有学生，个体差异没有受到重视，等等。历史经验和教训告诉我们，认识和建立新型师生关系对高等教育的教学来说十分重要。这种新型师生关系在结构上教师与学生是"一对一""一对多""多对一""多对多"的复杂网络系统，这个网络系统功能的全面发挥，就是高等教育教学活动的全部任务与追求目标。

师师关系就是高等教育教学活动中所涉及的教师群体内部之间的多边关系。我们发现人们对高等教育教学活动中的师师关系的关注度不够，但凡谈到教学关系，必论师生关系。其实，在高等教育教学活动中，师师关系的作用非常大，这是与初级中学、高级中学及其他培训学校完全不同的。由于这种关系的构成具有长期性、利益性、人格性等特点，尽管关系网络不会很庞大，但文人相轻、学术流派之争、师承传统之争、利益之争等情况却常常发生，从而影响教师的教学，这是从对立性看的。再从合作性来看，哪怕是一门课程甚至一节课，主讲教师与助教之间、理论教师与实验教师之间、教师与教学调度人员之间等的配合关系，都会直接影响到教学活动的开展及其效果。所以说，一个和睦的教师群体对高等学校教学活动的有效开展十分必要。

生生关系是由高等教育同辈学生相互之间组成的多边联系。这种关系也被称为同学集体，它可以由同年级同专业的学生构成正式的稳定关系，也可以由相同学科专业不同年级的学生以学术爱好为基点构成稳定的师兄弟姐妹关系，还可以由教师主导创立诸如电子协会等主题的组织关系。生生关系的形成具有随机性，但一旦形成，就表现出比较稳定的态势，这种态势不仅在学生大学学习期间有相互促进、相互影响的作用，还会在高等教育结束后延伸到社会活动中。生生关系对教学活动，尤其是学习活动的影响是全方位而且深刻的，它被认为是仅次于学生个人行为的力量。当然，这种关系结构的规模大小、质的差异性等内在特征会在比较大的程度上决定其对教学影响作用的发挥。

二、高等教育教学思想观念的演变

高等教育教学思想观念具体通过人才观、质量观和效率观等来表现。我国高等教育教学思想观念新时期以来的更新始于国家恢复正常秩序的最初几年，其主要表现为向过去学习，重拾或实现新中国成立后逐步建立和形成的教学思想。

（一）培养人才观念的形成

高等教育的根本任务是培养人才，而人才培养的主要途径是教学活动。创新开放以来，我国通过"红专论争"确立了知识本位的高等教育思想观念，但高等教育似乎又一下从"广阔天地"回到了"象牙塔"。同时，教学和科研使命又在高等学校展开了激烈的地位之争，这使高等教育与教学和科研"两个中心"的发展轨迹渐行渐远。实际上，很多学校和教师更加重视深度高的科研工作，对教学工作的重视不够，教师教学职能的发挥也不够。随着国家对人才培养质量的关注与重视，人们开始重新认识和反思高等教育教学和科研的关系，进而确立了教学在学校工作中的中心地位。无论什么类型的高等教育，其首要任务都是人才培养，科学研究也要肩负起人才培养的职能。高等教育教师必须把教学放在第一位，切实履行教师的基本职业职责。随着世界高等教育发展和科技、社会进步，不断对人才培养规格提出新要求，能力本位观点越来越受到重视，学生需要成为、社会也更需要知识全面、技能过关的高素质人才。因此，教学活动有了新的要求：一方面是出于对理论教学与实践教学的关系问题的考虑，既不能忽视理论教学又要加强实践实验教学；另一方面是出于协调学校教育与社会教育的关系，既不能在学校教育与社会教育之间走极端，也不能过多增加学生有关时间、经费、心理等的学习负担。于是，新的教学中心地位理论逐步得到丰富和发展，在校内强调理论教学与实验，在科研活动中培养学生能力，在校外加强实习实训基地建设，建立产学研究机制。

（二）逐渐形成以专业教育为主的教育思想

一般认为，国际上的高等本科教育大致有两种教学模式：一种是以苏联和德国为代表的专才教育模式，学生在校学习时间较长，既打基础，又进行实践训练；另一种是以美国为代表的通才教学模式，学生在校学习时间较短，主要是打基础，实践训练放到大学毕业以后。最先我国主要学习苏联模式，形成了专才教育模式。改革开放后，我们发现了苏联专才教育模式的许多弊病，开始注意学习欧美的通才教学模式。同时，这两种模式自身又不断变化和交融。

以自由教育、人文教育、普通教育等形式出现的综合素质教育思想得以萌生，传统意义上的专门人才培养模式和观念逐渐被"拓宽专业口径，增强适应性"的呼声和"通识教育"的理念所取代，仅仅重视科学技术的"精、深、专"为"德才兼备""文理兼备"的人才目标所取代。华中科技大学率先提出建立以人文素质教育为突破口，由中共中央和国务院通过出台专门文件进行推进的高等教育全面素质教育的观点，并建立了一大批国家人文素质教育基地。人文素质教育并非只对理工科学生进行人文科学知识传授的教育，而是可以加强所有学生人文品格、人文精神的全面教育，是通识教育的具体体现。

（三）树立终身学习和终身教育观念

按照传统的职业教育观念，高等教育在教育序列中毫无疑问就是人一生的终结性教育活动。但由于世界科技发展的日新月异以及世界性社会工作的不断变化，由联合国教科文组织的系列报告引发，以素质教育思想为理论支撑的终身教育和终身学习观念逐渐渗透到高等教育领域中，高等教育究竟是终结性教育还是依然属于基础性教育一时成为学术界的争论热点。特别是高等教育达到大众化甚至普及化程度之后，高等教育的基础性就更加突出，高等教育只能为学生未来成为科技人才、从事科技职业打下知识、能力和继续学习的基础，而不能为未来准备好所需的一切。因而，高等教育人才培养必须更加重视比较宽广的学科领域、比较扎实的基础知识和比较强的学习和研究能力，也必须为在职人员提供大学后继续学习的条件。

（四）以学生为本的个性化教学观念逐渐生成

一场世界性的学习革命，使高等教育教学模式也必须适应受教育群体的历史性变化，这是高等教育教学创新的直接指导原则和方向。具体而言有如下表现：由单纯的掌握知识转变为更加注重智力发展和能力培养；由单纯的、狭窄的专业知识和能力培养转变为同时注重拓宽知识面，培养具有包括外语能力、经管能力、交往能力等多种能力的复合型人才；由单纯注重统一的培养规格转变为同时注重发挥学生的多样化特长和学习潜力；由偏重于理论知识转变为同时注重实践知识，进一步强调理论与实践相结合，等等。

因材施教，促进人的全面发展是一条基本教育原则。为了改变计划时代"标准件"式的高等教育人才规格和培养过程中的固有缺陷，要突出学生在人才培养中的主体地位，在教学管理、教学环节、教学方式等方面也要将统一的、封闭的、固定的人才模式变革为多样化、个性化的教学过程和教学形式。既努力拓宽专业口径又坚持按专业培养人才，既制订人才培养目标和基本规格又给予学生充分自由的发展，既坚持教学工作的计划性又给予学校、专业、教师和学生较大的灵活性。在教学管理上，推行学分制，实行自主选课、选专业等灵活的制度和政策。

三、高等教育教学思想观念变革的趋势

21世纪以来，随着我国高等教育大众化进程的不断推进，高等教育条件保障机制等方面遇到了难以预料的困难，由此引发的人才培养质量争议成为高等教育的热门话题。政府和高等教育回应这种社会争议的积极举动就是实施"高等学

校教学质量与教学创新工程"，试图既改善高等教育的条件保障状况，又注重将物化的环境与条件转化为人才培养所必需的制度建设，不断推进教学思想观念创新。

（一）全面落实科学发展观

科学发展观的第一要义就是发展，包括高等教育的发展和人的发展。围绕以人为本这个核心，人才培养工作必须是全面、协调、可持续发展的，这也是终身教育和学习化社会思想的基本要求。贯彻党的教育方针，推进素质教育，坚持"巩固、深化、提高、发展"的方针，遵循高等教育的基本规律，牢固树立人才培养是高等教育的根本任务、质量是高等教育的生命线、教学是高等学校的中心工作的观念等都属于新的高等教育教学理念。

（二）建立健全大教育观

这具体表现在创新高等教育资源共享上，通过新教材和立体化教材建设以及网络教育资源开发和共享平台建设，建设具有面向全国高等教育的精品课程和立体化教材的数字化资源中心，建成一批具有示范作用和服务功能的数字化学习中心，完善服务终身学习的支持服务体系，提升我国高等教育的质量和整体实力。这需要充分考虑提高教学质量的系统性和复杂性，确定一些具有基础性、全局性、引导性的创新突破口，引导高等教育教学创新的方向，实现高等教育规模、结构、质量和效益协调发展。同时，也需要调动政府、学校和社会各方面的力量，把发展高等教育的积极性引到提高质量上来，充分利用各方面力量支持高等教育的发展，切实解决高等教育在提高质量方面的实际问题，为高等教育办学创造良好的外部环境。

（三）高等教育教学创新

高等教育教学创新与高等教育质量提高是一对永恒的话题。总体而言，我国的教育教学创新在实践活动上可谓阵容庞大、气势恢宏，但在形式和内容上却出彩不多。因此，在教学制度创新方面，要继续建立和完善教学评估制度、专业认证制度、高等教育基本状态数据发布制度等；在教学活动创新方面，不仅要落实"教授、名师要上课堂"，还要努力建设高等水平的教学团队。同时，应继续突出学生的主体地位，不断加大学生选课、选专业的余地，通过学分制使学生学习的自主性和自我责任心进一步增强。还应通过各级各类大规模、高强度的教学研究与教学创新立项和成果奖励，推动教学方法创新激励机制的发展，根本改变教学方法创新零散、自发、孤立、短效的局面。

第三节　高等教育教学方法创新的理论基础及原则

一、高等教育教学方法

在已有的研究成果中,对于高等教育教学方法的分析和认识有本质揭示型的,也有特征或过程描述型的,对于高等教育教学方法研究的风向转向了"模式"路径。无论是本质揭示还是特征或过程描述,都存在一个致命缺陷——教师本位思想。这样,几乎所有关于高等教育教学方法的本质定义和特征归纳,都陷入以教师为主导的"二元论"泥沼,从教师角度研究教授方法,从学生角度研究学习方法,教授方法加学习方法就构成教学方法。按这种逻辑思路分析得出的结果自然离高等教育教学活动的真实情景距离较远,教师的教授方法可以在没有学生参与的环境下进行,学生的学习方法更无须教师的直接参与。这两种可以游离的方法不是简单相加就可以组合成新的方法。批评与建构是事物发展的两个不同阶段,但在建构尚无突破、也未引起足够重视的情况下,高等教育教学方法的研究却转向了"教学模式"研究,随着教学模式研究的兴起,教学方法研究则式微。

其实,教学模式研究代替不了教学方法研究,或者它仅仅是教学方法研究特殊阶段的一个尝试。很多教学模式研究成果显示,它属于教学方法的研究范畴,教学模式是多种教学方法的综合。至于说教学模式是稳定的、典型的教学程式、策略或样式,这种表述也背离了高等教育教学活动的本质,与高等教育教学活动的特征不相容。因为高等教育的教学活动,尤其是教学方法,不存在可以照搬、套用的"方法组合",试图设计或概括出一种模式加以推广也不符合高等教育教师、学生、学科专业、学校类型等差别化的实际。高等教育教学,它的本质是一种整体性的有机"活动场域",教学方法就是维系这种活动场域的或隐性或显性的"脉络",即在教师的教授活动领域与学生的学习活动领域的交叉重叠部分发生的信息传达、消化、反馈的思维、路径、手段以及氛围环境等。在这个交叉重叠区域之外的教授方法、学习方法或者管理方法,它们虽然对教学活动和人才培养有重要影响,但不是严格意义上的教学方法。

在高等教育教学活动场域中,关于方法的问题还不只教学方法一端,还有管理与教师活动交集的方法问题和管理与学生活动交集的方法问题。但教师和学生活动的交集又与管理活动有一小块交集，问题的核心就在于教学方法的掌控权限。假如教师、学生、管理者在整个教学活动中的作用是均衡的，而且教学方法的选择与使用也是深度融合的，则三者对教学方法掌控权的共同认可范围大约是：各自的三分之一是"他控"组合区域，各自的三分之二都是自我控制的。也就是说，在教学方法的控制问题上，管理者、教师和学生都不可全部用单方面意愿来衡量整体和他方的教学方法，真正可以达到三方共控的，是小于各自三分之一的共同空间。教学方法的自由是"教学自由"的实践根源。

二、高等教育教学方法的特点

认识教学方法的特点是对认识高等教育教学方法的理性提升。仅从明确提出的高等教育教学方法的特点和分类来看，它们几乎都是循着"探寻模式"和"分析过程"两种思路在进行。比如薛天祥提出的课堂教学方法、自学与自学指导方法、现场教学方法、科研训练方法的"四分说"，陆兴提出的组织和实施学习认识活动方法、刺激和形成学习认识动机方法、效果检查和自我检查方法的"三分说"。我们通过分析大量教学成果奖的获奖材料以及"教学名师"的实践经验发现，对于高等教育教学方法特点和分类的认识首先要回归教学活动本身。教学方法必须是在教学活动中充当"脉络"的东西，教学活动之外的、教学活动之中但不能充当活动"脉络"的，都不能归于高等教育教学方法的考察范围。

在整个高等教育教学活动中，一切活动都是围绕"提高教学水平和教育质量、实现培养目标"这个中心的，而且任何活动都有其方法、途径和手段。在专门人才培养的过程中，课程是最基本的知识与能力体现单元，也是高等教育活动中学科与专业相互转化与结合的最小载体。学科是一个按照学术发展逻辑不断丰富起来的系统化的知识体系，专业是教育活动按照社会对专门人才的要求所设计的一个相关学科知识体系群，开展有关这种学科知识体系群的知识传授和能力训练活动就是专业教育。可以说，专业是按照社会发展的逻辑变化的。课程是学科知识体系的分化单元，也是高等教育实施专业人才培养的最小的完整的知识与能力结构单元。高等教育的复杂性就体现在从课程这个知识逻辑体系转化为接受教育的学生所获得的知识与能力的微观过程之中，这就是教学活动。因此，研究高等教育教学方法必须把课程作为基点，超出课程范围的东西，如人才培养方案、教材建设与教学活动等与其关联不大。确定了教学方法的基本范畴，尚需对教学方法的内在特点和结构进行进一步细化。

高等教育教学方法特点的研究近来比较沉寂。早前的"二性论"（专业指向性、学术研究方法接近性），"五个培养论"（学生的自学能力培养、研究能力培养、实践能力培养、合作精神培养、创新精神培养），"七方式论"等，几乎都是对教学方法的实现功能进行考察得出的结论，到了"三性论"（学生主体性、探索性、学科专业性），关于高等教育教学方法特点的研究才逐步回归到高等教育教学方法本身。

循着这种思路，在全面考察高等教育教学方法涉及的各个方面之后，我们认为高等教育教学方法比较集中的、显然区别于其他层次教学方法或者高等教育教学活动中其他范畴的特点主要有：

第一是可感性。可感性与抽象性、不可感性相对。教学方法虽然具有工具性，但一味强调甚至放大它的工具性是不利于创新的，所以要把它看作是维系教学活动场域的"脉络"，尽管"脉络"不都是可见的，但必须是活灵活现的。教学活动到了面对面的"方法"程度，感性色彩非常浓厚，不仅要使参与者都能够感知"方法"的存在，而且还要富有效果。可感性是对教学方法的具体化概括，无论是语言、工具、形象、仪态还是思路、能量等，都能够让人感触、感知、感觉得到。这就可以避免原来那种"方法是对知识进行加工并呈现出来"说法的片面性。可感性越强，可接受程度越高。

第二是内隐性。内隐与外显、"直白"相对，近似于含蓄。教学方法的最终目的是要教化学生，而无论从理论上分析还是从教学实践经验中总结，对于不同的人，或者同一人的不同时段和处境，教化的方法是截然不同的，这就需要教学方法具有内隐性，而不全是直白的指点和训斥。同时，一切社会认知都具有内隐性，根据学习心理学的研究，学习者对于社会性信息感知的内隐性要强于对非社会性信息感知的内隐性。这好比大厦结构中的钢筋和水泥，内隐性是"钢筋"，外显性是"水泥"，它们共同构成认知建构的基本结构。高等教育教学活动虽然是专业性教育，但更多的是社会认知性学习，因此，内隐性是教学方法的普遍特点。

第三是双重性。双重性就是事务的两种相对独立甚至对立的特性集于一体。很多事务都具有双重性，高等教育教学活动的双重性尤为突出，在教学方法层面，教师和学生的主体双重性、教师和学生参与教学活动的动机的双重性、目标的双重性、价值标准的双重性等都集中在一起，交锋交汇。具体而言，突出表现在教学内容、方式方法、手段，甚至是目标与结果等教育内部体现上。这些关系有的是从属的，有的是背离的，有的是不确定竞争性的，还有的是客观性与主观性并存的。总之，忽视高等教育教学方法的双重性，教学方法就会走向死胡同。

第四是微观性。微观是个相对概念，在社会科学中，通常把从大的、整体方面去研究和把握的科学叫作宏观科学，把从小的、局部方面去研究和把握的科学叫作微观科学。在高等教育教学活动体系中，教学方法显然不属于宏观层面的概念或范畴，微观性是教学方法的实际处境，只有认识到这一点，才能准确分析教学方法的各种内在问题。任何提升或夸大教学方法层级的认识和企图都会把教学方法研究引向歧途。

第五是复杂性。教学方法是一门认识论、方法论科学，它是对"还原论"的批判和超越、对"整体论"的追求，或者说它是既重视分析也重视综合、既关注局部也关注整体的系统科学的新发展。事物的复杂性是指在环境、条件发生变化时，不同行为模式之间的转换能力及其表现比较弱，某些新增条件似乎消解了一些元素。因此，要用非线性关系去把握局部与整体的变化。认识事物的复杂性，必须把握复杂性事物内在的非线性、不确定性、自组织性和涌现性。高等学校的教学活动完全符合复杂科学的这些特征，因此，教学方法也相应地具有复杂性特点。

第六是丰富性。感性活动的基本特点就是无限的丰富性，教学活动尤其是教学方法方式，既是有组织的合理性和合规则的建制活动，又是一种师生互动的感性活动。一名教师教授同样的课程，两次的教学感受以及教学方法可能是完全不同的，学生的学习感受也是如此。教学方法的丰富性实际就是教学方法的可感性、复杂性以及双重性等特点的衍生结果。因此，期望用教学模式来"类化"教学方法的研究路径是违背了教学方法规律和忽视了教学方法特点的。

三、高等教育教学方法的分类

基于我国高等教育教学方法的基本特点，对高等教育教学方法进行分类这种表征性的概括就比较容易。高等教育教学方法的分类要从"种属"和"类别"两个方面分析，即按照种和类两个维度进行分解。第一个维度是"类"，可以分为教学方法总论、理论课程教学、实践课程教学、学习方法。第二个维度是具体的方式与途径，即"种"，可以分为课程教学内容与体系创新、教学方式方法创新、教学手段与技术创新、教学艺术与技巧创新、教学方法模式创新与综合创新教学效果与质量检验方式创新、教学组织方式方法创新、教学方法创新理念与策略。建立这样一个二维方法结构表，基本可以反映高等教育教学方法的全貌，高等教育教学方法的所有特性也能够在其中找到相应的载体。

高等教育教学方法研究就是要从高等教育教学活动的整体系统入手，深刻分析教学方法的特点，认识教学方法的规律，并在教学实践中有效运用教学方法。在进行高等教育教学方法研究时，有三个基本着眼点不能忽视。

课程：教学方法研究的逻辑起点。教学方法研究从何入手，不同的路径会产生不同的结果，比如以教学工具为基点，就会使教学方法研究偏重于实现教学的手段；以教师主体为基点，就会使教学方法研究走向"教师中心"的单边主义。教学方法研究的适用基点可以有很多种选择。我们所理解的教学方法应该以教学内容为出发点，因为教学方法所承载的主要功能就是知识的传递、接收、转化与学生修养、思维、能力的训练。没有教学内容，教学方法就无从谈起。但是，教学内容是一个复杂的体系，大到学科专业的系统化知识体系，小到一个基本概念和定律以及规律性常数等，针对不同的教学内容可能会出现不同层次的教学方法。为此，教学方法研究必须核定一个教学内容层级，"课程"就是我们确立的教学内容的逻辑起点。

课程在发展演变中，曾被赋予过多种多样的含义，富有代表性的课程定义有如下几种：学习方案、学程内容、有计划的学习经验等。一般认为，课程就是系统的教学内容，是一系列教学科目的集合。具体而言，课程包括"教学计划""教学大纲"和"教科书"所规定和表述的内容。不管对课程的定义表述如何，这里作为教学方法研究逻辑起点的课程特指高等教育课程。高等教育课程不同于基础教育课程，它具有自己的基本范畴和过程性特点。基本范畴就是高等教育课程的一个系统性概念，最基本的是为达到某个教育目的而组织的一个单纯性的教学内容。推而广之，还有教学科目和学科。过程性特点是高等教育课程的显著标志，无论哪个层次的"课程"都是为实现一定的教育目标而组织的教学内容，而且这些教学内容必须进入教学环节，参与教学活动。尽管从哲学、心理学、社会学以及交往论等不同视角对课程的过程性认识会有不同的阐述，但"知识体系""教学资源""教育目的载体""组织模式"这几个核心概念是其灵魂所在。从起源讲，课程就是"课业进程"。

教学方法是以某一门具体教学科目为基础的教学交往活动要素，不仅仅在孤立的一次教学组织活动或者学科专业层面的全程教育活动中。在当前课程创新的意义上，可以适当延伸到课程组群的教学活动，比如专业基础课程、专业课程或者理论性课程、实践性课程，还有从表现形态划分的显性课程、隐性课程等。因此，以课程为逻辑起点的教学方法研究，必然是丰富多彩的。

目标：教学方法研究的基本考量。这里的目标不是高等教育人才培养规格目标，而是指具体课程的教学目标，但它又是整个高等教育人才培养规格目标的一个组成部分。这个课程教学目标既是课程体系的目标，同时又是教学活动的实现目标。按照课程论的观点，高等教育课程设计具有基础性、实践性和国际性的发展倾向，那么，具体的单门课程目标，就既有与其他相关课程目标的分野又有相互的衔接，即使整体人才目标的组成部分各具自身的独特性。而要达到的这个目标，则是教学环节亦即教学方法所必须回答的教学目标。一般来说，将课程的知识结构体系传达给学生不是难事，而且这不一定需要教师的参与，更无须教师设计教学方法。课程目标的重要任务是以知识体系为载体，通过教学活动达到训练学生能力、提高学生认知水平，并使其在一定程度上转化为学生情感的效果。这不仅仅是教学活动的知识传授功能，高等教育教学名师对此有颇为深刻的认识。

因此，研究和分析高等教育教学方法，必须把实现课程以及教学目标作为考量依据，尽管课程与教学目标也是教学评价的重要依据，但如果在教学活动方法的选择上游离教学目标，那么在没有做到"教考分离"以及学生对教学评价的主导地位难以落实的情况下，课程教学考核依然会在教师或管理者的单边主义的主宰下进行，并不能反映某门课程的目标是否实现。这也是长期以来，高等教育教学活动中教师教书本、学生学书本、考试考书本，最后学生除学了一堆知识之外，实践能力、创新思维以及情感培育等非常欠缺的后果。

教学方法为实现教学目标服务，在教学方法被"艺术化"的倾向下，尤其要防止"为艺术而艺术"思潮的蔓延，使教学方法创新走上一条"为方法而方法"的道路。无论是实施教学组织、还是运用教学方法，或是评价教学方法，都应该把课程及其教学目标放在首位，根据目标实现的程度和效果以及采取某种方法开展教学的效率来考量教学方法的好坏。在各种类别和层次的教学方法中，以一门课程教学目标的实现为考量依据，以及与其相应的教学活动单元组织开展的教学方法就是本研究的基本使用域。

四、高等教育教学方法创新的理论基础

（一）认识论的局限与工具理性的泛滥

教育与哲学有着千丝万缕的联系，很多教育问题归根结底还是哲学问题，也只有回归到哲学层面才能发现教育问题的症结所在。我国对于高等学校教学方法

的本体性与实践性的认识与研究相对不足，其中最直接的表现在于对高等学校教学方法本质的理论探究相当薄弱，以"借"为标志的研究路径直接导致了当前的境况。这些被借的教学方法理论和教学模式与高等学校的教学方法有本质的区别。无论是从高等学校教学方法自身发展角度还是从深化对高等学校教学方法认识角度来看，建立以价值论为基础、以价值实现为核心的高等学校教学方法是推进高等学校教学方法创新的理论原点。

纵观我国建立以来的高等教育研究与实践成果，关于高等学校教学方法的本质与内涵少有符合学理的阐释，也就是说，这些研究与成果没有从根本上回答高等学校教学方法"是什么"或"不是什么"。但并非说我国高等学校教师以及高等教育研究者就全然没有理会这个高等教育教学活动中至关重要的概念。这就是在"借"上做功太多：一方面是在理论建树上借用普通教育学的一般规律及其理论研究成果，忽略了高等教育教学活动的特殊性；另一方面是在教学实践中借鉴和模仿、移植其他教学方法，忽略了教学活动中最基本的文化差异性。新中国的高等学校教学方法就这样在以"借"为本质特征的"理论－实践－理论－实践"的循环中前进着，结果必然是"教学方法落后"的局面，其根源不在于教学方法改革实践，而在于高等学校教学方法理论落后。

1. 工具论教学方法的畅行

毫无疑问，教学方法就是用来实施教学的工具。这种通俗的认识在一般教育学和教学论文献中非常普遍，且影响深远。从最早学习借鉴苏联《教育学》"教学方法是教师和学生为完成教养任务而进行理论和实践认识活动的途径""教学方法是指教师的工作方式和由教师领导的学生的工作方式，借助于这些工作方式，可以使学生掌握知识、技能和技巧，还可以形成他们的共产主义世界观和发展他们的认识能力""教师和学生在教学过程中解决教养、教育和发展任务而展开有秩序的、相互联系的活动的办法，就称为教学方法"开始，西方学者对教学方法的界定纷纷出现，其中也免不了工具主义的认识。比如，"教学方法是教师为达到教学目的而组织和使用教学技术、教材、教具和教学辅助材料以促成学生按照要求进行学习的方法""教学方法是指大多数教师能够充分加以运用并适合于多学科反复使用的教学步骤或程序""教学方法就是教师发出和学生接受学习刺激的程序""教学方法是促进学生的学习，教师组织班级，向学生提出意见及使用其教学手段的各种方法"等。这些认识被引入我国的时间无论先后，都属于工具论的观点范畴。

这种观点对我国教学方法理论与实践的影响非常强烈，王伟廉说是"一锤子定了音的"影响，以至于国内学者的很多理论研究也难脱其窠臼。王策三说"教学方法是指为达到教学目的，实现教学内容，运用教学手段而进行的，由教学原则指导的一整套方式组成的、师生相互作用的活动。"王道俊、王汉澜认为"教学方法是为完成教学任务而采用的办法，它包括教师教的方法和学生学的方法，是教师引导学生掌握知识技能、获得身心发展而共同活动的方法。"等等。这些在一般教育学、教学论中关于教学方法的观点在高等教育的延伸研究比较多，其中最直接的后果就是高等学校教学方法成为教学活动中教师所采用的工具。工具的属性没有好坏之分，只有先进与落后之别，所以，谈教学方法的改革创新就是追求工具的先进性，在教学活动中大量推行现代信息技术与手段成为时尚，其结果只能是器物层面的游戏，不可能在本质上给予改观。有时操之过急、用之过度还会起反作用，不仅教学效果达不到期望值，还经常让教师沦为技术的奴隶。

2. 认识论教学方法的出现

作为现代哲学三大主干学科之一，以从根本上揭示人生、社会、世界、宇宙及其相互关系"可能面目"为旨归，构建相关认识论原则的认识论对教育，尤其是高等教育的影响由来已久，但对教育教学活动的影响是相对迟缓的。长期以来，人们对教育活动的认识就是传授知识，而缺乏对教育活动本身具有认识社会和世界、探究社会和自然规律的功能的认识和理解，所以人们认为教学方法的问题，就是"传授"，要传授就要使用"工具"，使用工具的主体就是教师。后现代主义、建构主义对传统教学观的发难以及对本质主义教学方法定义方式的批评，引起了用描述特征的办法展示教学方法以及活动无限复杂性的流行。因为教育是复杂的社会实践活动，社会发展要求对教学方法本质和规律的认识也必须是一个不断深化、不断发展的过程。教学方法概念的表述应该反映教学目的、教学内容的内本质联系，以及师生双方相互联系和相互作用的关系。在一般教育学及教学论领域，理论认识视野更加开阔，比如李秉德说"教学方法，是在教学过程中，教师和学生为实现教学目的，完成教学任务而采取的教与学相互作用的活动方式的总称。"吴文侃说"教学方法是教师和学生在教学过程中，为达到一定的教学目的，根据特定的教学内容，共同进行的一系列活动的方法、方式、步骤、手段和技术的总和。"

这种基于教学活动复杂性和教学对象层次性的理论倡导开启了高等学校教学方法研究的新境界。首先是正视高等学校教学活动与基础教育教学活动存在的明显差别，然后是按照建构主义所极力主张的适应和体现高等学校教学活动特点的观点，用描述特征的方法来揭示教学方法的内涵。关于高等学校教学方法的比较分析和内在刻画，尽管没有直接回答高等学校教学方法是什么，但已经提示了高等学校教学方法的适用主体、基本特点、目标指向等，有利于我们进一步对高等学校教学方法本质的把握。

3. 工具论和认识论教学方法的局限

工具论教学方法是适应基础教育教学活动需要的。因为它的理论来源就在于从儿童心理学到人类文明知识沉淀状态。最简便高效的知识传授方式就是教师通过讲授方式（最原始的对工具主义的解释就是教师的口和学生的耳）传授知识，这种高效率、低成本的教育活动无疑是人类社会的重大进步。但是，它从一端走向了另一端，就是将教学活动彻底脱离了人类认识社会和自然的实践活动。

工具论教学方法对基础教育教学活动基本适应也无可厚非，但对我国传统教学方法以及高等学校教学方法却具有严重的偏导效果。我国传统教学，无论是书院还是古代官学，几千年的教学方法都应该是授课、辩难、游历相结合的。辩难应该就是现在的讨论式教学方法，游历应该就是现在的实践与观摩式教学方法。辩难与游历教学方法在我国逐渐消失，不能不说是工具主义教学思想在近代学校教育演变中的重要"功绩"，让"讲授法"一家独大，特别是一些实践性教学内容、实验科学性课程都可以被"讲授"。因此，工具主义教学方法观实际上是一种狭隘的、偏执的工具主义。高等学校教学方法从根本上讲不能适用工具论教学方法观，因为高等学校教育已经不再是纯粹接受既有人类文明知识，它的主要任务是学会认识社会和自然规律，学会利用和改造社会和自然。这时，教师的角色、工具的价值、学生的地位则完全不能用工具主义来支配。而实际上，工具主义教学方法在高等学校大行其道，其结果便是高等学校没有沿着自身本来的轨迹培养人。

传统认识论在教学方法上的表现是时代发展进步的必然，尤其是现代学校教学方法经过工具论的片面引导之后的本质回归。但是，这种回归与一系列工具论教学方法的起源有本质的不同，我们姑且把工具论教学方法看作是自下而上的发展路径，甚至以儿童心理学乃至动物实验心理学为发展，从最低层次开始建树，进而向高等学校教学方法蔓延。而认识论教学方法与此相反，它从人类教育活动的本源或高等学校教学的特征出发，深刻揭示人类本源的教学活动以及高等教育阶段的"终极教学活动"都是为了认识、探究、利用开发社会和自然及其发展规律的本质。以此为理论基础建构的教学方法更加适应和接近高等学校教育教学，但由于世界性高等学校教学方法研究活动匮乏，也由于高等学校教师的研究活动主要以学科为对象，以致这种本可以得到大力弘扬和进一步开拓的教学方法理论研究和实践探索沦为简单的机械认识论而遭到漠视，因此对高等学校教学方法的影响力非常不足。

在基础教育领域，由于长期而浓厚的教学方法研究习惯，以及长期被工具主义阻碍了学校教育与教育本源的觉醒，这种教学方法很快受到欢迎。但客观地说，认识论的教学方法观对基础教育教学方法改革创新仅仅是一点兴奋剂，难以畅行通达。因为无论是哪个国家的基础教育，其现实使命都已经远离认识的两端——不再需要所有人都从原始方式开始亲自尝试认识社会和事物，这是人类社会进步的必然，否则就是逆人类社会发展进程的举动；接受完基础教育（主要是指各国规定的义务教育）培养的人尚不是现代社会需要去进一步探索和认知社会发展规律、自然奥秘的当然对象，现实社会中肩负这些使命的主要是接受过高等教育的人。所以说，各种认识论基础上的教学方法尽管在基础教育阶段很受宠，但归根到底只是一时的新鲜，不能也不应该成为主流的教学方法。

认识论基础上的教学方法被从基础教育领域转借到高等教育领域遭遇了尴尬局面——不以为意、不置可否。高等学校教学活动要说认识或探究事物发展规律，比比皆是，并不像基础教育阶段的学校教学活动那样新鲜。同时，基础教育阶段的教师与学生同属于知识占有者（先占有的是教师、后占有的是学生），都不是面向事物的认识主体，仅是教学活动的认识主体，所以认识教学活动以及教学方法的比重被无限放大，甚至被称为"研究性教学""研究性学习"。但高等学校完全不一样，教师既是教学（面向学生）活动的主体，又是研究（面向事物）活动的主体，这就是高等学校教师一直面临的双重任务——教学和科研。

所以高等学校教师无时无刻不在努力探究，一部分人也许因此造成了"以局部代整体"的现象，忽略了对学生以及教学活动的研究热情，在教学活动中套用、承袭基础教育阶段所经历过的工具主义教学方法，想要图个清闲。另一部分人即使认识到自己的"双重任务"，接受并尝试过教学活动中的认识客体是学科，只适合事物发展特点的规律，但这种认识是无止境的人类社会活动，不是高等学校教育所能完成或实现的目标，操作难度大，不确定性因素多，难以就这种教学方法进行考量。总之，认识论基础上的教学方法非常适宜高等学校教学创新，但由于追求"短期功效"目标的教育体制，使其推广受阻。因此，针对认识论教学方法的应用缺陷，我们提出了价值论教学方法。

（二）价值论视角的高等教育教学方法

价值是一个具有普遍意义的概念，使用范围极其广泛，马克思在政治经济学领域讲的价值是指凝结在商品中能够满足人们需要的无差别的人类劳动或抽象的人类劳动成果，因此，哲学上讲的价值往往与人的需要联系在一起，价值首先体现外界事物与人们主观需要之间的关系。价值论就是关于人类生活中各种价值现象以及性质、构成、标准、评价的哲学分支。它看似抽象，高深莫测，这主要在于 100 多年前的奠基者们把它描述为普遍存在于伦理学、美学、法学、经济学等学科领域的"某种共同的东西"，因而使其显得玄乎。实际上，价值论相对于本体论和认识论，有非常明确的人本指向，就是从客体满足主体的需要以及如何满足主体的需要出发，建立一套具有设计、考察、评价客体是否满足主体需要的价值原则和基本行为准则等的一般价值体系，并且延伸或应用于个人和社会生活的各个领域，形成适应不同领域的具体价值体系，同时以实践的方式用这种价值体系去评判、考量和重构人类生活现实，具有强烈的社会规范和导向作用。

1. 主体需要与客体能够满足主体需要的价值实现

价值论关于主体与客体关系的规定性超越了认识论的规定范畴，把人的幸福问题作为轴心，并派生出相关的个人与他人、个人与社会、社会之间、人类与自然之间的关系等问题。所以，价值论的主体、客体是动态变化的、具有多元结构的。就主体和客体的基本特征来讲，无论其构成是人－人结构、人－事结构还是人－物结构，都是围绕需要与满足展开的活动。作为客体，某事物对人或特定某人有用，能满足其某种需要，则这种事物对人或特定某人就是有价值的，这里的人或特定某人就是主体。所谓价值，就是客体对主体需要的满足性。同时，主体需要并实际享受了客体所具备的效用才能使客体的有用性得以显示，得以发挥，得以实现。主体不需要或暂时不享受这种需要时，价值主体与价值客体没有发生实际关联，客体的价值只是潜在或可能的，没有得到实现。因此，从主体方面来看，价值是主体对客体的需要性。总之，价值反映的是事物的客观有用性与人的主观需要性之间的特定关系，它既与客体的有用性相关，又与主体的需要性相关。客体的有用性与主体的需要性的辩证统一，以及价值的个体性与社会性的统一、理想性与现实性的统一、手段性与目的性的统一就构成了价值实现。价值论的全部意义就在于价值实现，价值实现的核心内容是人的价值实现。

人是具有先天道德本性的，是有追求法则秩序及美好品德的本质和内在规定性的。人只有创造了文化、创造了文化世界，才能真正进行价值实现。文化创造作为价值思维的肯定形式，既是人的价值实现，又是人的本质实现，它既创造了一个客观的有价值、有意义的文化世界，又创造了人，实现了人的本质。人的整个文化创造、实践、感受、认识活动都是积极主动的价值思维、判断与选择，表现为人的主体性的价值实现。因此，人的职业、地位不同，价值需要不同，其价值实现的内容、方式也各不相同。同时，作为价值提供方的人，必须能够"意识到"自我及外部世界的价值存在和意义，否则就谈不上人的价值实现。而这种"意识到"以及努力达到的程度也与自我个体或群体的知识水准、理解和领悟能力、经历的情境乃至精神意志密切相关。

2. 价值论的高等教育学意蕴

价值论是探寻人类生活理想目标的哲学分支，作为人类社会生存与发展重要组成内容的教育活动自然也在价值理论的视野之内。无论是对个体的人还是对群体的人，"以人为本"的发展理念说到底就是"以人的价值实现为本"。价值论关于人的价值实现的一系列观点和价值体系正不断校正着传统教育学的一些悖谬，更对化解高等教育、高等教育学中一些难以解释的问题和现象提供了理论帮助。

高等教育教学活动中的主体与客体。我们现在的高等教育教学基本理论是认识论基础上的一般教育学。也就是说，认识论所刻意解析的主体与客体关系范式被一般教育学所接受，形成了教学活动中主客体二分的局面。因此，出现了教师主体、学生客体或者说是教育者、被教育者等一系列的概念或范畴。其实，关于"教育"这种古老人类活动本质的界定始终打着本体论的烙印。认识论对于主体性有更精辟的阐释，但在人与人的关系问题上仍未完全脱离本体论。所以，一般教育学和教学论理论仍然沿袭这种哲学观点，非要分出教学活动中的主体与客体，非要使"教育"这个动词具有及物性不可。所以，一般教育学和教学论中的一个重大谬误就是建立了教育活动参与者的主格与宾格，这些"理论建树"又被简单移植到高等教育学或高等教育教学论之中。

现在的高等教育教学活动依然存在何为"中心"的问题，这种争论都没有脱离"中心主义"的框架，无论是"以教师为中心"，还是"以学生为中心"，抑或是"以知识为中心"，都没有揭示高等教育教学活动的本质。其理由有二：一是这些理论基础源于一般教育学和教学论，这些以基础教育为主要研究对象的理论成果只能是"一般"，不能完全适用于高等教育这种"特殊"；二是高等教育教学活动中的人的地位无论是从瞬时性还是从长远性来看，都是相互变化的，明确谁为中心毫无意义，其显著特征就是活动的主体间性。

从价值论观点来看，高等教育的教学活动客体就是教学活动本身。教学活动作为一种综合性社会事务，它具有丰富的有用性，能够满足主体的各自需要。而且该活动的上位主宰是制订教育目标和举办学校的人或组织，他们要实现目标和价值，就必须以教学活动这种方式来体现；活动的下位主宰是无限的物化条件，比如人类的知识、教学设施、教学组织与管理者等，他们的价值都需要在这种活动中实现交换。

高等教育教学活动是一种主体间性活动。以往对于高等教育教学活动的认识是一种"捷径式"观念。在精英化时代，这种观念无论正确与否都无关宏旨。特别是我国现代的高等教育一直在"超精英化"状况下发展，一方面是这种理论的适用人群非常小，即使按照理论设计错误地运行了都不会有什么大的社会影响；另一方面是在实际教学活动中，一些不"照章出牌"的教学活动参与者即使取得了理想的成效，影响面依然很小。总之，高等教育精英化时代的教学活动参与者只是社会的"小众"，其活动有无规定章法或是否按既有理论运行都无关紧要。因此，那些被嫁接到高等教育领域来的理论、观点和模式都当不得真，更不应被奉为"经典"。高等学校教学活动真正的理论建树必须立足高等教育本身，并在科学的哲学理论指导之下进行。特别是进入高等教育大众化之后，我国的这种理论供求已经出现了严重的危机。在价值论的主体间性观点下，高等教育这种人类非常普遍的教学活动的存在实际就是一种主体间性存在，活动中的各个主体是一种交互关系。在这个主体间性活动之中，有这样几个显著的表征。

第一，主体的多重复杂性。高等教育教学活动的参与者非常多，按照人的文化价值实现理论，凡是"意识到"的相关需求者都可以认为是教学活动的参与者，而不仅仅是教师和学生。教育目标的设计者，学校的举办者、教学管理者、学生背后的家长以及将来的雇主，教师背后的家人以及教师和学生两大利益相关者群体都是高等教育教学活动的主体成分。教学活动从表面看是教师和学生，这是静止的观点，从主体间性分析，高等教育教学活动的所有价值期盼都应该得到实现，这是价值的目标规定性。当然，这些主体可以分层分级，教师和学生是第一阶梯，教育目标设计者和学生家长是第二阶梯，教学管理者和教师、学生的利益相关者群体是第三阶梯。这种分层分级也只是相对的，在高等教育大众化、普及化的情况下，教师和学生这种"一线主体"也不一定有自己的真实需求或满足需求的愿望与能力，这种情况另当别论。这些复杂主体的共同点是他们都是理性行为者，他们的合理诉求都应该得到尊重。所以，活动中的主体角色转换和个体差异都应该得到包容。

第二，价值及价值关联的客观存在性。高等教育复杂的主体关系以及主客体关系决定了教学活动的无限丰富性。但是，我们并不能为这种丰富性所困扰所迷惑，甚至束手无策。这一切的主体以及作为非主体的物化成分，在这个活动中都具有价值，都具有价值表达功能，这就是高等教育教学活动所必须显现的特殊过程。基础教育可能不一样，作为主体的学生可能根本就没有求知需要，因为他们还是非理性的人。但高等教育完全不同，学生无论如何是具有求知、成才的欲望和需求的，这时他是主体，那么谁来满足这种需要？教师可以具备条件、书本也可以具备条件、网络也可以具备条件、学长与同学也可以基本具备条件，还有广阔的社会生活实践也可以。

这说明，高等教育的价值关联不仅是客观存在的，而且也是无限丰富的，满足活动主体需要的供给者不是唯一，而是可以多重的。

第三，活动结果的临界性。所谓活动结果就是价值实现的目的。基础教育阶段的教学活动结果是知晓人类的既往文明，为未来探究、利用社会与自然规律做准备。这种教育是退缩于社会生活的高效率教育。随着社会的发展进步，这种以"知晓"与"准备"为目的的阶段越来越长。但高等教育作为人类教育活动的最后阶段，前面的"知晓"目的已经退居其次，主要就是面向社会和自然实际，开始尝试认识和探究、利用人类社会与自然世界规律。这种活动一要有分工性，二要开展直接的尝试活动。这种教育与社会生活之间的临界性是解释现行高等教育中"知识中心""教室中心"等弊端的有力理论武器。正因为是临界性，教学活动中的很多面向对象的认识问题就没有统一标准，尚在探索之中，所以要有探究性教学、研究性学习、讨论式教学等，与一切以"标准答案"为教学效果检验依据的做法大相异趣。

3. 高等教育的价值实现

价值实现是主体论研究的一个新视角。以前的主体论重点研究价值本身，主要从价值构成、价值生成、价值变异等方面入手。价值实现就是突出价值的实践属性，使原有的价值从潜在状态变为行为表现。高等教育作为人类社会教育生活的一个阶段或直接就是一种人类社会生活，其根本目的就是价值实现——主体的价值实现、对象的价值实现、活动的价值实现。就主体的价值实现来说，至少有学生实现个体全面发展的价值诉求，教师达到成就认可与事业发展的价值诉求，学校体现社会功能与发展力的价值诉求，政府为提高国际竞争力而发展高等教育的价值诉求，社会寻求人人发展、人人公平、人人贡献的价值诉求。高等教育活动对象的价值实现就是实现知识育人、功能服务。活动本身的价值实现就是培养教师和学生共同探索社会、自然和人类自身的发展规律，进行相关认识和探索实践。因此，以往关于大学功能的三分说实际是机械主义的产物，对特定大学和一般高等教育来说是正确的，但也在世界范围内误导大学的发展，形成大批同质化大学、模式化大学的发展思路。高等教育的价值实现就是基于自身目标的价值转化，与外在的功能规定性毫无关系，即使强加也不可能实现目标。

由于人类文化存在中包含着许多非理性的东西：风俗习惯、迷信思想，有些政治、法律、礼仪、制度等也是在非理性的价值思维肯定基础上建立和发展起来的。这会影响人的价值思维及价值实现，因此价值实现理论要求通过文化与人的教育来排除这样或那样的非理性或不合理性。所以，"教育者首先必须受教育，要想别人提高理性首先自己必须符合理性。即使受教育者的觉悟尚未达到理性的高度，或者他的思想、行为包含着非理性，你也必须尊重他、关心他、爱护他。只有先尊重他、关心他、爱护他，然后你才有可能启发他、教育他、改变他，而且还必须出于真诚的愿望和善良的动机。对人的非理性不能采取粗暴无理的态度，更不能愚弄他们、戏弄他们，否则你就会陷入以非理性对待非理性的地步，那是绝对达不到理性教育的目的的。"这就是高等教育的真谛所在。

五、高等教育教学方法创新的原则

建构高等教育教学方法创新理论是为了推进高等教育教学方法创新实践。高等教育教学方法创新的原则是以基本创新理论为前提，按照激化矛盾冲突、假设科学有效和追求教学效率最大化的基本规律，指导和规则创新实践的准则。以适切性为特征的创新原则和以有效性为特征的创新目标是不断发展变化着的，而不是一种判断教学方法的价值标准，它们在不同教学情境下有不同的遵循要求，绝不可一概而论，否则就会抹杀高等教育教学方法的复杂性和丰富性。

（一）科学性原则

高等教育教学方法创新无论在方法论层面还是在具体的教学艺术与技巧层面进行，首先必须是科学合理的而不是随心所欲的，是科学性与艺术性的统一。同时，创新活动还必须同时符合相应学科规律和教育学科规律的基本要求，违背任意一方面的基本规定要求，方法创新就是为创新而创新的形式主义，不仅不能达到理想效果，还会破坏教学方法创新的本来面貌。为了让教学方法创新符合科学性原则，在创新活动实施之前，就应当对创新活动的实施以及结果有个基本评估，使其尽可能合理一些，操作更便捷一些。

（二）相对性原则

创新本来就是相对于原有状态而言的，任何创新都不可能达到绝对的最优、最佳、最美、最先进的程度。教学方法创新的相对性，是针对人类既往所使用的一切教学方法而言，都是通过总结和继承传统教学方法中的合理成分而开展的相对完美的创新，没有过去就不可能有教学方法的创新，无论从具体形式看，还是从组合方式或者所产生的后果，只要取得了比以前更好的效果，就是成功的创新实践。特别重要的一点，就是真正的教学方法创新必须是能够推广的，而不是"独门绝技"。以前的很多教学方法创新，虽然在个别或局部产生了比较理想的成绩，但是推广价值不大，影响面小。这是我们开展教学方法创新所必须坚持的一项基本原则，否则，一切创新都会成为过眼烟云，不会给高等教育教学留下有价值的经验和财富。

（三）适切性原则

教学方法创新的基本要求是符合教学需要，创新是实实在在的实践活动，不能有理想主义的侥幸心理。教学方法创新设想一定要适合教学内容、教学对象、教学目标以及教学时代与环境的需要，教学方法是服务于内容、服务于主体、服务于目标、服务于环境条件的，不同方法适应不同的内容、主体、目标和环境。高等学校的基本教学要素几乎时刻在变化，这就要求教学方法创新活动也必须每时每刻、无处不在。即使是同样的教学内容、相同的教学目标和同一个教学时空，学生的情况也各不相同，可以尽最大努力实施多样化的教学方法或教学进度。

（四）开放性原则

高等教育教学方法创新需要有一个开放的环境和宽容的氛围方能顺利进行，现有的各种管理、评价和考核制度不是鼓励教学方法创新，实际上是限制甚至是扼杀了教学方法创新。就教学方法创新的内在需要而言，一要有开放的视野，不要仅在教育学的圈子里也不要仅在已有高等教育的圈子里打转，创新就是突破和超越，站在井底就超越不了井口的视野，因此鼓励多学科、多领域、多国度的学习借鉴，当然这种学习借鉴必须是认真消化了的、切合高等教育教学基本要素需要的借鉴。二是在教学管理上对待教学方法创新也必须是开放的，不要把课堂规定得太死，课堂就是教师和学生的课堂，要提倡把课堂还给教师和学生。三是在教学方法创新结果以及评价方面也必须持开放态度，既然是创新，就要允许有多样化的结果，甚至要容忍失败，不能用传统的结果观念和标准考量创新的教学实践活动。同时，在评价某位老师的某门课程的创新价值问题时，也应该科学地看待评价主体的认识能力及其当下的感受，有时当下的感受可能是不真实的，需要很长一段时间加以内化、比较以后才能做出客观的评价，所以不应一味要求课后即时评价。对教师来说，所谓的教学风格主要也是运用教学方法的相对固有模式，这种模式不在于让每一次教学活动都感受深切，一定有所变化，有所改进，风格是在一届又一届学生的事后评价中产生的。

（五）公利性原则

"公利"即公共利益，它与私有利益相对。在人类社会发展中，对负面的"私利"的研究和剖析较多，而对普通的"公利"却熟视无睹。公与私是一种系统联结概念，并非对立。公的根本价值在于为私服务，在于为私与私之间的利益分配提供公平保障。公是一个相对概念，从小处说是"私之外"，从大处说有国家民族之"公"和人类社会之"公"。利就是具有某种可用性的价值体，分为自然存在物之利和人为事物或事务之利两种。高等教育教学方法属于人为的无形有用价值，无论是使用还是创新都属于公利范畴，按照"强互惠"理论就是一种典型的公利行为，比如人类教育的产生、义务教育的规定性、高等教育的大众化进程等都是宏观的公利性。教师在教学活动中的教学方法创新，必须是公利性的。

作为一个具体个人的教师，公必然源于私。但是，一定要注意处理"公心"与"公利"的关联。尽管出于"公心"，但要明确利为谁谋，不是当下的自己和学生，教学方法的评价也不是当下评价的。私心谋私利，公心不一定都是谋"公利"，为了眼前的"公"谋利，是一种有回报的"弱互惠"交换行为，算不上公利性，也不是常见的平均主义式的公平利益，而是适宜于每个学生发展的内在的公平之利。

第五章
高等教育教学实践体系

第一节　高等院校教学管理的基本任务与原则

高等院校的教学管理工作是学校管理工作中最重要的一部分，其他的管理都是为搞好教学管理服务的，学校教学管理的质量如何，决定着学校办学的兴衰。因此，必须把教学管理工作放在最重要的位置。教学管理是对教学过程的全面管理，也是对教与学的双边活动的管理。在这一活动中，学校要投入一定的人力、财力、物力、时间和信息。教学过程就是这些要素的有机结合和运动，教学管理就是合理组织已投入教学过程中的这些要素，使它们得到合理配置并发挥最大效益。因此，教学管理本身不是目的，而是通过对教学工作的管理，从根本上为教学工作创造良好的条件，保证教学工作有序进行，稳定教学秩序，提高教学质量。只有这样，才能促使高等教育健康发展。

一、高等院校教学管理的基本任务

高等院校教学管理的总任务，是根据党的教育方针、办学原则和有关政策，按照培养目标的要求，充分利用高等院校的人力、物力、财力以及环境等条件，进行计划、组织实施、监督检查、指挥协调、控制质量等工作，培养高质量的合格人才，这是教学管理活动的出发点，也是一切教学管理活动要达到的预期目的。高等院校教学管理的一切工作必须围绕它来进行，并为完成这个总任务服务。教学管理的总任务具有全局性和整体性。但是，要完成这个总任务，还必须确定教学管理的具体任务，通过完成这些具体任务，来完成教学管理的总任务。教学管理的具体任务有以下几项：

第一，按照高等教育的办学定位和人才培养目标定位，不断深化教学改革，要及时学习和了解当今世界新技术的发展趋势和国家建设的新形势，掌握社会对高等院校培养人才的需求特点，从高等院校的实际情况出发，吸取国内外高等教育的先进经验，认真研究人才培养模式、专业设置、课程体系、教学大纲、教学计划、教学方法等诸方面的现状、存在的问题和改进调整的最佳方案，解放思想、勇于创新，大力加强和深化教学改革。

第二，从教学过程的实际出发，组织教学管理人员学习教育理论和管理科学，分析教学过程中的各个环节和指导思想，看它们是否符合教学规律和教育目标的要求，发现问题，及时采取有效措施，进行正确的引导和必要的纠正。

第三，根据教学规律、教学大纲、教学计划和上级要求及高等院校的实际情况，建立健全教学工作的各项规章制度，制订各项教学工作的具体计划，并认真贯彻落实，从而稳定教学秩序，优化教学环境，保证教学任务的完成和教学效果的提高。

第四，充分调动教、学双方的积极性，发挥教师的主导作用，增强学生的学习自觉性和主动性。

第五，运用科学的质量管理理论、方法和手段，研究制定教学质量标准和教学质量评估办法，依据教学质量标准，对教学工作进行科学的严格的质量检查和有效的质量控制，确保教学质量的提高和教育目标的实现。

第六，加强校内实习实训基地的建设和管理，充分利用现有的实践教学条件在实践教学中发挥更大的作用。

第七，通过各种途径和方法，定期了解毕业学生和使用单位对高等院校培养人才的意见和建议，认真分析研究，吸取正确意见，将其作为改进教学管理、调整培养计划、提高教学质量的客观依据。

高等院校的教学管理原则概括和总结了教学管理的实践经验，体现了高等院校管理、现代科学管理的基本理论和教学管理本身的特点。高等院校教学管理的一切活动，包括制订教学管理目标、控制教学管理过程、安排教学管理内容、选择教学管理方法，以及建立和健全各项教学管理规章制度、组织协调各方面的关系等等，都离不开教学管理原则的指导和规范。任何一种有效的管理行为，总是教学管理者自觉或不自觉地遵循某些教学管理原则的结果。在教学管理中，出现教学管理不善，或者顾此失彼、主次不分的现象，究其原因，都是违背了正确的教学管理原则的结果。因此，只有在正确的教学管理原则指导下，教学管理才能有效地进行。

（一）遵循教学规律要求的原则

教学规律是教学过程中教与学的本质联系，是教与学发展变化的内在必然性，它集中地反映教与学双方在思想、知识、理论、能力等诸方面的高迁移和高能动的转化上。在教师有目的、有计划地启发和指导下，在学生主动积极地掌握知识、发展智能的教学过程中，凡是本质的、经常起作用的和带有普遍性的联系，都具有规律性。例如，在讲授知识的过程中培养学生的智力和能力；教学要循序渐进，使学生系统牢固地掌握知识；精选教学内容，使教学的要求与难度适应学生的接受能力。教学要坚持科学性与思想性相结合，理论联系实际，因材施教，在教师的主导作用下，发挥学生的积极性和主动性。教学应以提高教学质量为核心，正确处理政治与业务、基础知识与专业知识、理论与实践等一系列关系。教学管理只有遵循客观规律，才能促进学生德、智、体、美全面发展。教学管理如果违背了客观规律，必须受到客观规律的惩罚，使教学工作受到挫折，教学质量下降。

（二）坚持正确教学方向的原则

坚持教学的正确方向，是指在教学管理过程中，必须认真贯彻落实党的教育方针和政策。党的教育方针和政策是依据我国政治和经济发展的客观要求制定的。高等院校的职能具体体现了党的教育方针对高等教育的要求：高等院校主要是为国家培养德、智、体、美全面发展的高素质人才，并通过输送合格人才，为国家的社会主义现代化建设服务。高等院校教学活动是实现高等院校职能的主要活动，在教学管理活动中，必须遵循高等院校职能的规定，要求学生在政治思想、专业知识和身体素质等方面全面发展，将德、智、体、美辩证地统一起来，保证教学工作的正确方向，培养合格的人才。

（三）实行民主管理的原则

实行民主管理是指在高等院校的教学管理中，教学管理者要充分调动教职员工参加教学管理的积极性和主动性，并依靠他们的智慧和力量管好教学。搞好教学管理，必须实行民主管理。高等院校的教学过程是以教师为主导，以学生为主体的活动过程。教师和学生处于教学第一线，他们最了解教学情况，对教学工作最有发言权，只有充分发扬民主，让他们发表意见，并尊重他们的意见，才能真正搞好教学管理。同时，教学工作涉及学校各个部门、各个单位，还必须充分发动其他成员积极关心、配合和参加教学管理。教学管理如果脱离群众，无视民主管理的作用，就会产生主观主义和官僚主义，使教学管理失去客观基础。实行民主管理的同时，还要加强集中统一。如果只片面地强调民主，各抒己见，形不成统一的管理意见，不仅不利于发挥教职员工参加教学管理的积极性，而且还会造成教学管理的混乱。

第二节　高等院校教学管理组织

教学管理指的是学校管理组织根据教学规律和一定的管理原则、程序、考核方法对教学活动通过实施计划、组织、指挥、协调、监督和调节等手段，提供优质的服务，进而建立正常的、相对稳定的教学程序，使教学过程中的人、财、物、时间和信息等得到优化配置，以保持教学过程畅通，确保教学工作的高效率、高质量，实现教育目的。

一、高等院校教学管理组织的构成

（一）教学管理组织概念

教学管理组织是高等院校管理的重要组成部分，其核心就是要建立能使各部门进行有效配合的教学管理机构，这是保证教学决策计划、指令及时传递、贯彻并有效实施的关键，又是提高效率、实现及时获取信息、不断调整和适时控制的前提条件。教学管理是系统管理，必须建立和健全以校长为首的校、系两级教学管理的组织系统，加强教学管理纵向系统和横向系统的协调、一致，使学校的教学决策和指令能迅速贯彻执行，以保证教学的正常运转，达到最佳指挥效果。

（二）教学管理组织系统

1.健全教学工作的领导体制

学校党政一把手是教学质量的第一责任人，校长全面负责学校的教学工作，分管教学的副校长协助校长主持日常教学工作。在学校党委的正确领导下，由校长办公会议或校务会议讨论决定学校有关教学及其管理的指导思想、长远规划、重大改革举措、重要政策措施等。要建立健全教学工作的会议制度和各级领导定期听课、学习、调研督查、考核等制度，提高教学决策和教学管理水平。

2.建立教学工作委员会

教学工作委员会由直接从事教学工作、有丰富教学经验的教师和熟悉教学工作、有经验的教学管理人员组成，在校长的领导下，研究和决定学校教学管理工作中的一些重大问题。

3.建立教学工作督导组织

选聘一批热爱教育事业、教育思想先进、有丰富教学经验、工作认真负责的老教师（包括退休教师）、教育专家和有专业管理经验的管理人员组成教学工作督导组织，配合系（部）和教务处对教学工作进行监督、管理和指导。

4. 成立校企合作委员会

由学校领导和企业界领导、技术人员、管理人员和一线工作人员组成，把校企合作真正落实，学校和企业共同完成人才培养任务。

5. 健全校、系两级教学管理组织机构

高等院校的教学管理组织机构一般包括校、系两级：

第一，校级教学管理组织机构一般包括教务处、学生处等职能部门。要发挥教务处、学生处等部门在教学管理组织系统中的职能作用，明确各处职能及各类人员的岗位职责，协调好各种工作关系；建立必要的业务指导机构，如教材建设、外语教学、计算机基础教学等工作委员会，加强单项教学工作的咨询和指导。教务处是学校教学管理工作的主要职能部门，教务处的工作状态反映一个学校整体教学工作的状态。高等院校应健全教务处的内部结构，配备较强的管理干部队伍，明确组织教学改革和建设的责任，保证教学工作稳定运行，不断提高管理水平和工作质量。

第二，在系级教学管理组织机构中，由系主任全面负责系教学管理和教学研究等工作，分管教学的系副主任主持日常工作。系教学工作委员会是系教学管理工作的研究、咨询机构，要定期研究并向系务会议提出有关建议，系务会议讨论决定本系教学及管理工作的有关问题。

系可设教学秘书，在教学系主任的领导下，处理日常教学行政工作并从事教学状态、质量信息的经常性调查了解工作。

6. 重视教学基层组织建设

教研室是按专业或课程设置的教学研究组织，作为教学基层组织，其主要职能是完成教学计划所规定的课程及其他环节的教学任务，开展教学研究和教学改革，不断提高教学质量和学术水平。

7. 加强教学管理组织队伍建设

根据不同岗位的需要，建立一支专兼职结合、素质较高、相对稳定的教学管理干部队伍，有计划地安排教学管理干部的岗位培训和在职学习，掌握教育管理科学的基本理论和专业知识，提高管理素质和水平。结合工作实际，有组织地开展教育科学研究与实验，创造条件开展国内外高等院校教学管理人员的相互考察、交流和研修，以适应高等院校管理科学化、现代化的要求。

二、高等院校教学管理组织职能

高等院校工作以教学为主，学校教学工作要形成整体一致的目标系统，遵循学校发展建设的总体目标，编制教学改革和发展规划，确定学校各级教学管理目标。各级教学管理组织要发挥各自的职能，协调一致，做好教学工作。

（一）校长的职能

校长全面负责学校的教学工作，主管教学的副校长协助校长主持日常教学工作。学校有关教学及管理的指导思想、长远规划、重大改革决策等，要在校长的统一领导下，由校务会或校长办公会讨论决定实施，建立教学工作例会制度和各级管理干部听课、调研制度，提高决策和管理水平，并通过职能部门的作用，统一调动学校各种资源为教学服务，统一管理教学工作进程及信息反馈，最终实现各项教学管理目标。主管教学的副校长的工作重点应放在对教学和教学改革的领导和管理上，要根据学校实际，制订学校的专业发展规划，提出教学工作目标和近期教学工作计划及重要管理措施，并组织、协调各单位加以实施，定期征询和听取师生员工对教学工作的意见，总结推广教学经验，对学校的整个教学和教学改革工作进行指挥和领导，确保教学管理工作的高效率和良好秩序。

（二）教学工作委员会的主要职能

高等院校要成立由相关人员组成的教学工作委员会，主要是负责研究和调整适应社会需要的专业，对有关学校教学工作的重大问题做出决策，制定教学政策，对整个教学过程做出评价。

（三）校企合作委员会的主要职能

高等院校要加强与企业之间的相互联系和渗透，针对企业的发展需要设定科研攻关和经济研究方向，并将研究成果转化为工艺技能、物化产品和经营决策，提高整体效益。企业也主动向学校投资，向学校开放校外实践教学基地，建立利益共享关系，真正实现"教学—科研—开发"三位一体，使之双赢。

（四）教务处的职能

教务处是学校教学管理的主要职能机构，其职能是：

第一，协助主管教学的副校长抓好教学计划、教学运行、教学质量、师资队伍等教学管理工作。

第二，按照学校的决策，对教学、教学改革和教学管理工作进行具体的组织协调，督促、检查各系的教学工作，保证良好的教学秩序。

第三，对学校的教学和教学改革、教学管理工作提出意见和建议，供校领导决策时参考。

第四，严格执行学校制定的各项教学规章制度，督促检查各系对各项教学规章制度的贯彻、执行情况。

第五，做好教学文件、教学档案的收集、整理工作和学籍管理工作。

（五）系（部）的职能

教学系是基层教学管理机构，负责本系教学工作的组织、领导和管理。制订本系具体的教学工作计划并组织师生员工加以贯彻实施，在实施过程中不断总结推广经验，提高教学质量和学术水平。同时对学校的教学工作提出意见和建议，供校领导决策时参考。

（六）教研室的职能

组织教研室教师认真完成学校和系制订的各项教学任务，总结教学经验，开展教学研究，落实教学计划。

（七）教学督导组的职能

进行高等教育教学改革研究，对学校教学工作的运行状况与教学评估提供指导咨询，对学校的教学质量进行监督检查。

第三节　高等院校教学计划管理

教学计划是人才培养目标、规格以及培养过程和方式的总体设计，是学校保证教学质量的基本教学文件，是组织教学过程、安排教学任务的基本依据。教学计划应保证培养目标的准确性、实现目标的有效性、课程设置的应用性、培养过程的实践性、培养途径实行产学结合的开放性、学生学习发展的主体性以及培养计划具体实施的操作性。专业培养目标必须全面贯彻党的教育方针和"面向现代化、面向世界、面向未来"的指导思想，应努力体现学校和专业特色。

一、高等院校制订教学计划的基本原则

（一）主动适应经济社会发展需要

要广泛开展社会人才市场需求调查，注重分析和研究经济建设与社会发展中出现的新情况、新特点，特别要关注社会主义市场经济和专业领域技术的发展趋势，努力使教学计划具有鲜明的时代特点。

（二）坚持德、智、体、美等方面全面发展

要全面贯彻党的教育方针，正确处理传授知识、培养能力、提高素质三者之间的关系，要注重学生德育，全面提高学生的综合素质，实现教学工作的整体优化，切实保证培养目标的实现。

（三）突出应用性、针对性和超前性

要以培养技术应用能力为主线制订专业教学计划。基础理论教学要以应用为目的，以讲清概念、强化应用为教学重点；专业课教学要加强针对性和实用性，注重学习新知识、新技术，使学生适应现代发展的需要，具备一定的可持续发展能力。

（四）培养实践能力

要做到理论与实践相结合，能力培养要贯穿教学全过程。要加强实践教学环节，增加实验、实习、实训的时间和内容，减少附设于理论课的演示性和验证性实验，实训课程一般应单独设置，以利于学生掌握从事专业领域实际工作的基本能力和基本技能。

（五）贯彻产学结合思想

产学结合是培养高等技术应用性专门人才的基本途径，学校应主动争取企事业单位参与，共同制订和实施教学计划。教学计划中的各个教学环节既要符合教学规律，又要根据企事业单位的实际特点妥善安排。

二、高等院校教学计划的构成与时间安排

教学计划的主要内容包括：专业的具体培养目标；人才培养规格要求和学生知识、能力、素质结构；修业年限；课程设置、教学环节及学时分配；教学进程表以及必要的说明等。

教学分为理论教学和实践教学。理论教学包括课堂讲授、课堂讨论、习题课等教学环节；实践教学包括实验、实习、实训、课程设计、毕业设计（论文）等教学环节。

三、高等院校制订教学计划的一般程序

第一，学习理解上级有关文件精神。

第二，广泛开展社会人才市场需求调查。

第三，确定及论证专业培养目标和基本规格。

第四，设计学生知识、能力和素质结构。

第五，教务处提出本校制订教学计划的意见和要求，由系（部）制订教学计划方案，经校（院）教学工作（学术）委员会审议、主管校（院）长审核签字后下发执行。

第六，教学计划一经确定，必须认真组织实施。教学计划既要相对稳定，又要根据社会经济发展的新情况，适时进行调整修订。教学计划的调整修订或相应实施性教学计划的制订，由有关系（部）在开学前两个月提出，经教务处审查、主管校（院）长批准后执行。

四、高等院校教学计划的实施

教学计划的实施是学校教学管理中的一项重要工作，是完成教学任务、稳定教学秩序、保证人才培养质量的前提条件。教务处要充分发挥在学校教学管理中的中枢职能作用，切实做好该项工作。

第一，教务处要编制各学期的教学进程计划，对各教学环节提出总体协调意见，调配教室等教学资源，确定考核方式等。

第二，系（部）根据教务处的总体安排，制订学期教学计划，经教务处审查后报分管教学的副校（院）长批准执行。

第三，教学计划确定的课程、教学环节、学时、授课时间、考核方式、任课教师等均不得随意改动，在执行过程中需要调整的，应严格按照审批程序执行。

五、高等院校教学大纲的制定

教学大纲是根据教学计划编订的某课程（含实践课）教学内容及要求的纲要性文件，是组织教学工作、检查教学质量、评价教学效果、选择编写教材、装备教学设施、落实培养目标和教学计划的最基本的教学文件。

教学大纲的内容应包括本课程的教育目标、教学内容的基本要求、实践性教学环节要求、学生学习要求以及必要的说明等部分。

教学大纲一般由系（部）组织相关教师依据上述原则编写，经系（部）和教务处审议后，报校（院）领导批准执行。教学计划规定开设的课程（包括单独设置的实验课、实习实训课等），均应制定规范的教学大纲。教学大纲应在相应课程开设前一个学期完成。教师在教学过程中必须严格执行教学大纲的要求。

六、高等院校教材建设与管理

教材建设是教学的基本建设之一，是保证人才培养质量的重要措施。改革开放以来，在各级教育行政部门、学校和有关出版社的共同努力下，我国已经出版了一批高等教育教材，为了适应高等教育形势的发展，学校教材建设和管理工作应该实现制度化、规范化和科学化。

（一）教材建设

1.教材建设的组织与职责

学校要成立教材建设工作委员会，在其领导下有计划、有步骤、有重点地开展教材建设工作。教材建设工作委员会由主管教学的校长担任主任，成员由教务处长、系主任和学术水平较高的教师组成。教材建设工作委员会下设若干课程组，每组设组长一人，成员若干人。教材建设工作委员会的主要职责如下：

第一，对学校教材建设的总体工作提出原则性意见。

第二，审议学校教材建设规划和计划。

第三，审批教材建设立项。

第四，审批教材预定计划中的新教材。

第五，对立项教材建设进行检查。

第六，评选校内优秀教材，推荐参加省（部）优和国优评审的教材。

第七，引进和推荐使用国外优秀教材。

第八，有关教材建设的其他重要工作。

2.教材建设的原则

教材建设要紧紧围绕培养高素质人才开展工作。基础课程教材要以应用为目的，以讲清概念、强化应用为教学重点。专业课程教材要加强针对性和实用性。同时，教材建设不仅要注重内容和体系的改革，还要注重方法和手段的改革，以跟上科技发展和生产工作的实际需求。

学校在教材建设过程中重点支持编写内容和体系上改革力度较大、具有创新精神和明显特色的高等教育教材；重点支持技术水平较高，能反映生产、建设、管理和服务第一线的新技术、新知识的高等教育特色教材和讲义；支持编写和出版教学急需而市场上又难以买到的教材；支持编写公共课、基础课和受益面较广的技术基础课、选修课教材；支持编写新建专业的各类教材；支持能提高教学效率和教学效果的音像教材和计算机辅助教学（Computer Aided Instruction，简称

CAI）课件的编写和出版；支持引进和翻译国外水平较高且适合我国国情的高等教育教材、专著等。

（二）教材管理

为加强教材管理，严格教材选用、订购与印刷的审批程序，把好教材质量关，学校应设有专门的教材管理机构，专人负责教材的订购与发放，并建立相应的管理机构及相应的管理制度。教材管理一般由教务处教材科管理。

1. 教材的选用

教材由教研室提出选用意见，系主任审核，报教务处批准。教材选定后，要做到相对稳定，换任课教师不换教材。选用的教材必须符合高等教育教学的基本要求和人才培养目标，应注重选用具有高等教育特色的教材，优先选用规范的高等教育统编教材。没有全国统编教材的课程，可以组织人员自编教材或讲义。

2. 教材的订购

教材的订购工作是一项计划性和时间性较强的工作，系（部）必须在规定的时间内，将订购教材登记表按时送交教材科，由教材科统一制订订购计划。计划一经确定，不能随意更改。原则上每门课程只能选用一种教材，不得以任何借口为学生订购其他教材，增加学生负担。

3. 自编教材或讲义的编写

自编教材或讲义时，应注意其先进性、科学性、实践性和知识结构的完整性，并便于学生自学。要注意前后课程的衔接，防止不必要的重复。特别要注重实验教材的编写与选用，其内容必须加强对学生动手能力的训练，并可选择适量的提高性、设计性实验，以培养学生的独立思维能力和研究能力。自编教材或讲义要经教研室充分论证，由系主任审核，报教务处批准后组织编写。系、教研室要积极开展教材研究，把教材研究列入教学研究活动日程。

4. 教材评价

系（部）要建立教材使用档案与教材质量跟踪调查制度，每学期要对本系的教材质量及使用情况进行检查、评价，作为以后选用教材的主要依据。

第四节　高等院校教学运行管理

教学运行管理是学校组织实施教学计划最核心最重要的管理。整个教学运行管理要抓住两个重点：一是以课堂教学（包括实验、实习、实训教学等）为主的教学过程管理，要充分发挥教师的主导作用和学生的主体作用，贯彻教学相长的原则；二是以教学管理职能部门为主体的教学行政管理，应制定教学工作制度及规程，对课堂教学、实验教学、实习（实训）教学、课程设计、毕业设计（论文）等教学环节提出要求，并认真组织实施。

一、高等院校课堂教学的组织管理

课堂教学是教学的基本形式，课堂教学的组织与管理是教学管理工作最基本的管理活动。课堂教学的组织管理工作包括：

第一，认真选聘有相应学术水平、责任心和教学经验的教师任课。无实践经验的专业课教师要补好实践课，对新任教师和开设新课的教师应进行岗前培训，并要求课前试讲。

第二，组织任课教师认真研究和讨论教学大纲，组织编写或选用与大纲相适应的教材或教学参考资料。

第三，任课教师应认真备课。在熟悉教学计划、教学大纲的基础上，以教务部门下达的教学任务书为依据，制订课程学期授课计划和教学进程，撰写教案和讲稿。学期授课计划应全面考虑讲授、实验、实习（实训）、习题课、课外作业、复习、考核等内容，突出重点，教学进度设计要科学合理。

第四，任课教师应认真组织教学。要遵循教书育人、因材施教的原则，采用符合高等教育规律的启发式、讨论式、指导式等多种教学方法，把思想政治教育、职业道德教育、创业创新教育融会于教学全过程，把传授知识、开发智力、培养能力等诸方面统一起来。

第五，经常（或定期）组织教师开展教学研究。对积极钻研并创造新的教学方法，在培养学生良好学风、提高学生自学能力和创新能力方面做出贡献的教师，要给予奖励。

第六，积极推广计算机辅助教学、多媒体教学技术、虚拟技术等现代教育技术，扩大课程教学的信息量，提高课堂教学效率。

二、高等院校实践性教学的组织管理

实践性教学要严格依据专业教学计划及教学大纲中对实践环节的要求进行教学，主要形式包括实验、实习、实训、课程设计、综合练习、社会调查和毕业设计（论文）等。

第一，学校要重视实践教学内容的改革，增开综合性、设计性、应用性强的实践项目，加强现场模拟教学的组织和设计，重视学生基本技能和应用能力的训练，规范实践教学及其考核办法，保证实践教学质量。要建立相对稳定的校内外实习（实训）基地，逐步建立和不断完善产学结合的机制。

第二，实习（实训）教学计划由系（部）结合校内外具体情况拟定，经主管教学工作的校（院）长批准后执行。实习（实训）计划的主要内容包括：实习的性质、目的与任务；实习的内容、方式、场所和时间分配；学生的分组情况与指导教师的安排；实习成绩的考核与评定方法；实习组织与保证完成实习任务的措施等。

第三，课程设计、综合练习、社会调查的选题，应根据教学计划和教学大纲的要求，紧密联系实际，立足培养学生观察问题、分析问题和解决问题的能力。具体选题由任题教师拟定，经教研室审核后，报系（部）主任批准。

第四，毕业设计（论文）是学生毕业前进行综合训练和模拟从业训练的重要的实践性教学环节，选题应注重针对性、应用性和实践性，具体由系（部）拟定，经教务处审核后，报主管教学工作的校（院）长批准。

第五，选聘有一定理论水平和较丰富的专业实践经验的实习指导教师或工程技术人员指导学生实践活动。实习指导教师应根据实践教学大纲的要求，认真准备，精心组织，耐心指导，注重学生基本技能、技术应用能力、创业精神和创新意识的培养。

第六，指导教师应及时、认真地批改学生实践活动后提交的实验、实习、实训调查报告或设计成果，综合学生在实践活动中的表现评定成绩，写出评语。实践教学活动一般单独开设，单独考核。

三、高等院校考核管理

凡教学计划规定开设的课程都要对学生进行考核。考核命题应以教学大纲为依据，积极改革考核的内容和方法，着重检查学生掌握所学课程的基本理论、基础知识和基本技能的情况和实际应用能力。鼓励采用试题库或试卷库命题，实行教、考分离。要制定严格的考试制度，严肃考风考纪，精心安排考务工作。对考试作弊者，要依据有关规定严肃处理。试卷评阅要认真、公正、客观。教务处负责考核的指导、组织和检查工作。

四、高等院校日常教学管理

学校要依据各专业的教学计划制订学期教学进程表、总课表和考试安排表，以保证全校教学秩序的稳定，对这三项重要表格文件的执行情况要有管理制度和检查办法，执行结果要记录在案。在实施过程中，系（部）和教务处应经常会同教学督导员了解教学信息，加强教学督导与管理，严格控制对教学进度及课表变更的审批，及时处理执行过程中出现的问题或事故。

五、高等院校学籍管理

学籍管理的基本内容包括对学生的入学资格、注册及学籍变动、在校学习情况和毕业资格的检查、考核与管理。学校应依据上级有关规定，制定本校的学籍管理办法，建立健全学籍档案，做到及时、完整、准确、规范。要建立严格的学期注册制度，维护学校注册制度的严肃性。在注册制度的基础上，积极探索学年制、学分制和其他有利于提高教学质量的改革。

六、高等院校教学资源管理

要搞好教学设施（教室、实验室、实习实训基地、图书馆、阅览室、体育运动场馆等）、教学仪器设备和图书资料的合理配置、规划建设与管理，建立健全规章制度。充分发挥现有设施与设备的作用，保证教学需要，最大限度发挥校内教学资源的效益；积极开发、合理应用社会教育资源，建立相对稳定的校外实习实训基地。根据需要，改进教室的功能，建设必要的多功能教室。

七、高等院校教学档案管理

学校应按档案管理要求建立健全教学档案管理制度。教学档案实行分级管理，教务处和系（部）应安排专人负责，按年度分类管理、编目造册及归档；积极推行档案管理现代化建设，建立档案查阅制度，充分发挥教学档案的作用。教学档案的范围包括：

第一，上级教育主管部门下达的政策性、指导性教学文件及有关规定。

第二，学校制定的各项教学文件和教学规章制度。

第三，教学基本建设的各种规划和计划、师资培训计划和实施情况、教育资源（含教学设施及仪器设备等）统计材料。

第四，学校、系（部）和教研室的学期（或学年）教学工作计划和总结。

第五，校历、教学进程表、考试安排表、教师任课通知书及课程表、学期授课计划、课程教学总结、实验、实习（实训）计划及总结等。

第六，课程设计任务书、毕业设计（论文）任务书、优秀毕业设计（论文）。

第七，学生花名册、学生注册统计、新生复查情况、学籍变动情况、学生学业成绩、学生成绩统计分析、毕业生质量跟踪调查、毕业资格审核等材料。

第八，教学研究计划、行业（或区域）经济教育调研报告与资料、教学改革实施方案及总结、典型经验材料和教学研究刊物、学报、简报等。

第九，使用教材目录、自编教材（或讲义）、教学参考资料、参加全国或全省编教材的印本、实验（实习）指导书、习题集、试题库（试卷库）、试卷分析以及各种声像资料等。

第十，教师业务档案，包括教师基本情况登记表、教案及教学工作小结、教师考核资料、教学工作和工作量统计表、论文论著及成果、进修（培训）登记及考核材料等。

第十一，教学检查统计分析材料、教学工作评价（估）材料、教学工作量统计分析材料、教学工作会议纪要、教学管理成果及各种奖惩材料等。

第十二，其他有必要立档的教学文件和资料。

八、高等院校教学管理组织的职能

第一，教研室应按学期初制订的"教研室工作计划"，组织集体备课、公开教学，组织政治与业务学习和教学研究活动，定期组织检查和测评教师的教学进程和教学状况。

第二，系（部）要定期召开教研室主任会议和任课教师会议，了解情况，布置工作，总结和交流教学及管理工作经验，及时研究解决教学过程中出现的问题。

第三，教务处应协助主管教学的校（院）领导定期或不定期地召开系（部）主任教学工作例会或专题工作研究会，了解、协调和处理教学计划实施过程中出现的各种问题。

第五节　高等院校教学质量管理

教学质量管理是通过对教学全过程的检查、监督、测评和控制，来促进教学质量的提高。学院教学质量管理包括教学常规检查、学生成绩考核、教学质量的分析与监控等。

一、教学检查

第一，教学常规检查是学院教学质量管理的重要方法。学院要建立经常性的教学检查及日常教学检查制度，并认真实施。学院每年应组织相关部门力争做好学年（学期）教学准备工作、期中和期末三个阶段性检查，通过检查找出当前存在的主要问题，提出改进措施，并在实施中加以检验。教学检查要与教学评估、教师考评等工作相结合。

第二，日常教学检查制度包括对教学秩序的维护与检查、对教室日志的管理及审阅以及教学部门中层以上领导听课等制度。学校各级领导可随机听课，校长、分管校长和教务处长、副处长每学期一般听 6 ~ 8 课时；系、部、中心主任、副主任每学期一般不少于 10 课时；教研室主任每学期一般不少于 12 课时，教研室还要组织教师之间相互听课，每学期不少于 12 课时。听课要有记录、有分析，把所发现的问题及解决意见及时转达给有关部门和教师本人。听课记录期末交给教务处作为领导考核的一项重要内容。

第三，学年（学期）教学准备工作检查应在分管院长的领导下，由教务处、系、部、中心等部门组织有关人员逐级进行，在学期末检查下学年（学期）的准备工作。教学准备工作检查的重点是：学年（学期）所设专业的教学计划、教学大纲、教学进程表、任课教师与教学任务书、授课计划、课程表等的编制与准备；实习、实训等实践性教学环节的安排；教师的备课情况等。

第四，期中教学检查是以前半学期教学计划的实施情况及教学质量情况为主要内容的阶段性检查。通过对理论与实践课程授课计划的实施进度、考试考查情况的检查和召开学生座谈会等方式，结合日常教学检查情况，分析教学质量，总结经验，找出问题，提出改进措施。期中教学检查在分管校长的领导下进行。

第五，学年（学期）末教学检查是以本学年（学期）以来教学计划的实施情况及教学质量情况为主要内容的教学检查。它包括期末考试、考查的组织，成绩评定与统计分析，教师教学小结，教案检查以及教学成果检查等。学年（学期）末检查在分管校长的领导下，在期末进行，并有文字总结材料。

二、高等院校学生成绩考核

学生成绩考核是教学质量检查的重要手段，是确定学生升留级的依据，要按照教学的规定认真对待，严密组织。教学计划规定开设的课程必须进行考核，考核方式有笔试（闭卷与开卷）、口试、课程设计与毕业设计、答辩、实际操作等。

第一，考核成绩的评定可采用百分制，四级制（优秀、良好、及格、不及格）或按合格、不合格评定。学生考核成绩的评定以期末考核为主，适当参考平时成绩。对各类课程的平时成绩、期中考试和期末考试以及实践课在总成绩的比重，学校应有明确的规定。

第二，考试命题的依据是教学大纲，试卷应覆盖课程的全部主要内容，突出基本知识、基本理论和基本技能。要重视对学生智力和能力的考核，注意学生综合运用所学知识分析和解决实际问题的能力。要合理选择多种试题类型，以适合各类课程的教学要求，试卷难度和题量要适度。试卷要附有标准答案和评分标准，试卷在印刷前要经过认真校准。试卷的命题、审核、选定和印刷各环节要严格保密，对泄密事故要追究责任，严肃处理。

要贯彻考、教分离的原则，采用 A、B 卷或多份试卷的命题方法，尽可能地由非任课老师命题（或由教研室共同命题），积极创造条件，依托各种力量逐步建立各课程的试题库，使用计算机存储，实现考试组织管理的现代化。

第三，考场是考核学生成绩的重要场所，教务处要精心安排、严格管理，要有切实可行的考场规则和监考守则。考场的设置、秩序表、监考与巡考人员安排，要有利于维护严明的考场纪律、建立良好的考试秩序和防止作弊行为的发生。要认真填写考场记录，对于发生的违纪行为要按章严肃处理。

三、高等院校实践课程考核

各种实习均应进行综合考核，根据学生在实习中的综合表现和实习报告评定成绩。

第一，课程设计（大型作业）、社会调查、毕业设计（论文）的考核一般可采取答辩的方法，学院应组织答辩委员会（小组），通过考查学生对一门或多门课程科研课题的掌握情况，考核学生的综合知识和独立解决实际问题的能力，考核学生在实验、实践等方面的技能，考核学生的文字、口头表达能力等。根据作业、设计、论文的质量和答辩情况评定成绩。

第二，阅卷工作要做到客观、准确、公正。一般采取集中、流水阅卷的方式。试卷的样本、标准答案及评分标准应归档保存，评阅后的期末试卷由教务处保存一年。学生成绩表应在考后一周内上报教务处，上报后的成绩任何人不得私自改动。学生要求成绩复查时，应由教务处指定人员会同任课教师共同进行。

第三，教务处在学期末或下学期初应对课程的学业成绩进行定量与定性相结合的综合分析，求得各种统计量，如：平均成绩（个人平均、班组单科平均、班组总平均），分率（优秀率、不及格率），成绩分布等。通过对统计量的纵、横向比较找出影响统计量的主要因素，如：个人的素质（学习动力、文化素质），教师的教学水平、方法和责任性，试卷的难易程度、与大纲的吻合程度等，作为对学校综合教学质量分析与监控的依据之一。

四、高等院校教学质量评价

专业教学质量分析与监控是学校根据专业特点对所设专业进行的教学质量管理工作。学校教务部门应组织系、部、中心的相关人员对所设各个专业，围绕专业培养目标，通过教学质量检查进行专业教学质量的分析与监控。除对专业学生的成绩进行分析外，还要对专业培养目标的实际情况、教学计划存在的问题、课程的结构与衔接、课程教学内容的取舍、理论与实践性教学环节的安排等做出分析。通过专业教学质量分析，提出有助于该专业提高教学质量的措施和建议，分管校长及教务处、系、部、中心应进行认真审阅，按照规定程序对专业的教学计划、教学大纲和教材进行适时地调整。

课程教学质量分析由系、部、中心、教研室、教师对照课程教学大纲进行。课程教学质量分析要紧紧围绕各专业不同的教学目标和该课程在专业教学中的地位与作用，分析完成情况，肯定成绩，找出问题，对课程的教学大纲和教学方法提出改进意见，写出分析报告。教务处应认真审阅课程的质量分析报告，并将其归入教学档案，采纳的意见和建议也应通过规定的程序予以实施。

第六节 高等院校教学管理制度

现代教学管理不能光靠经验管理，必须根据教学规律和管理制度进行。教学过程是一个完整的流程，教学管理对教学过程的任何环节都不能忽视，凡是教学活动都要进行管理。教学管理与教学活动是密切联系在一起的，二者相伴发生。

教学活动的成效依靠教学管理的力度,教学管理的成效又依赖于管理制度的执行。

一、高等院校制定教学管理制度的必要性

教学管理是对教学过程的管理,但教学管理本身也是一个过程,即教学管理过程,也就是指教学工作。教学过程管理的流程,本质就是使教学工作的各环节有机地衔接、配合、协调,提高教学质量。提高教学质量是教学管理的终极目的和最高目标,但作为一个管理过程,为教学管理工作制订符合学校实际情况的阶段性管理目标并实施,更有利于提高教学管理的效率和本身的质量,更有利于保证教学管理总目标的实现。因此,实现教学管理总目标,必须制定教学管理制度。制定教学管理制度的必要性主要表现在以下几个方面:

第一,有助于建立正常的教学工作秩序。学校教学工作是一个多因素、多层次、多系列、多结构的复杂综合体。要高效、高质量地完成教学任务、实现教学目标,就必须建立一整套教学管理制度,使教学工作有规可循。只有如此,才能建立稳定的教学秩序,保证教学工作正常运行,使教学工作成绩显著。

第二,有助于调动师生的积极性、主动性。一所学校要建立符合教育工作规律、符合现代管理原理的教学管理制度,使每一个师生都知道应该做什么、不应该做什么,应该怎样做、不应该怎样做,以及自己的主要职责是什么,这样就可以明确责任,调动教师和学生教与学的积极性、主动性和创造性,把教学工作最优化地组织起来。

第三,有助于实现教学管理的科学化、规范化。制定教学管理制度意味着对学校教学工作的全过程予以规范,使教学管理适应高等教育人才培养模式的基本规律。要通过不断研究和完善教学管理制度,指导和改进教学管理工作,提高教学管理水平,建立充满生机与活力的教学运行机制,形成教学特色,提高教学质量。

二、高等院校制定管理制度遵循的原则

规章制度的建设是高等院校管理的一个组成部分,师生员工都必须遵守,由学校行政约束力来保证其实施。规章制度规定了学校事务参与者的权利、义务以及违反规章应给予的处罚,以达到维护学校正常秩序的目的。高等院校规章制度的制定要遵循以下一些原则:

第一,权威性。一是要有合法的依据,即必须以国家的有关法规特别是国家

教育基本法规中的有关精神、原则和要求为依据，不得与它们相抵触；二是要有合理的程序，应区分各种不同的规章制度，根据学校中权限的划分，确立适当的制定者、批准者和颁布者。

第二，科学性。高等院校规章制度的制定，必须遵循高等学校办学活动和管理活动的客观规律，遵从管理科学和教育科学的基本原理。例如，教学管理方面的规章制度要符合学生身心发展的规律，教师管理方面的规章制度要充分考虑教师的教学科研劳动的特点。

第三，可行性。必须坚持实事求是的原则，从客观实际出发，制定出的规章制度要切实可行，行之有效，切忌生搬硬套、脱离实际和形式主义。

第四，民主性。管理法规虽然是依靠一定的管理权力强制实行的，但最有效的法规只能是得到群众真心诚意拥护的法规，任何学校规章制度的修订都应力求得到广大师生员工的理解、参与和支持。因此在规章制度的制定过程中，要注意广泛听取师生员工的意见；对制定好的规章制度，除公布于众外，还应注意必要的宣传，使得校内人人皆知，以促使规章制度中对师生员工的要求成为大家的自觉行为。

第五，严肃性。制定规章制度要慎重认真，切忌草率从事。制度一经公布，就应严格执行，有章必依，违章必纠。同时，必须正确处理好规章制度的连续性、稳定性和适时性、变通性之间的关系：不能墨守成规，对经过实践检验不宜采用或不能适应现实形势的规章制度，应根据实际情况的变化及时修改或更新；但又不能朝令夕改，要注意保持学校规章制度一定的稳定性和连续性，颁布的规章制度应有一定的时效，凡仍然有效的规章制度都不能轻易或随意废弃；订立新的规章制度和更改原有规章制度时要注意吸取和保留原有规章制度中合理的成分。

第六，准确性。规章制度的内容要具体明确，切忌抽象含糊；条文要简明扼要，切忌繁杂冗赘；遣词用语上要力求准确无误，把握好分寸，无歧义，避免模棱两可和任何可能的偏差；逻辑上要严密、统一，尽可能无懈可击，绝不能自相矛盾。

要提高教学管理的效率和质量，建立健全一整套科学的、行之有效的教学管理制度是关键性的基础工作。俗话说："不依规矩，不成方圆。"教学管理制度就是一种教学规矩，就是指在学校教学管理过程中制定的教学行为规范和准则。只有严格执行教学管理制度，才能使教学工作标准化、制度化、程序化，同时也有利于增强管理者科学管理和依法管理的意识。

三、高等院校教学管理制度的主要内容

教学管理制度主要包括教学计划管理、教学运行管理、理论教学管理、实践教学管理、师资队伍管理和学业成绩管理等内容。

第一，教学计划及运行管理制度。此项制度主要包括教学计划、课程教学基本要求、学期进程计划、校历、课程表、教材、教学督导与检查、教学评价、教学档案等。

第二，理论教学管理制度。主要包括学期授课计划、备课、上课、辅导及作业批改、停课、调课、代课、考试等管理制度。

第三，实践教学管理制度。主要包括实验、实训、职业实践、毕业设计、答辩等管理制度。

第四，师资队伍管理制度。主要包括教师进修、"双师型"教师培养、教师业务档案等管理制度。

第五，学业成绩管理制度。主要包括理论教学考核、实践教学考核、学籍管理等管理制度。

四、高等院校教学管理规章制度的实施与监督

（一）高等院校教学管理规章制度的实施

高等院校教学管理制度的实施必须加强宣传。学校制定颁布的每一项教学管理规章制度都必须通过各种形式广为宣传，必要时可组织专题学习，使教学管理规章制度为师生员工所知晓。执行教学管理规章制度是指学校机关及其公职人员在规定的职权范围内，依照规章制度实行有效管理。这首先要求学校在制定颁布教学管理规章制度时必须明确执行部门，同时，执行部门必须坚持实事求是、规章面前人人平等的原则，对各种违反教学管理规章制度的事件予以认真处理。否则，即使学校教学管理规章制度相当健全，也不可能实现真正的规范化管理。

（二）高等院校教学管理规章制度的监督

高等院校主要通过监察部门和其他有关职能部门对教学管理规章制度的实施进行监督，褒扬模范遵守者，批评执行不力者，惩处严重违反者，以保证规章制度的贯彻落实。师生员工是教学管理规章制度监督的主体，他们可以以个人名义，也可通过职代会、学代会及其他群众团体对教学管理规章制度的实施进行监督。

第六章
高等教育教学创新实践

第一节　高等教育教学方法创新

一、组合法

无论是在自然界还是人类社会，组合创新都非常普遍。就教学方法而言，组合法就是将两种或两种以上的方法或方法理论的一部分或全部进行适当地叠加和组合，形成新的教学方法。组合法是创新原理之一，也符合教学方法创新实践。爱因斯坦曾说："组合作用似乎是创造性思维的本质特征。"组合创新的概率与空间是无穷的。据统计，20 世纪的重大创造发明成果中，三四十年代是突破型成果为主而组合型成果为辅；五六十年代两者大致相当；从八十年代起，组合型成果开始占据主导地位。这说明组合已成为创新的主要方式之一。

二、分离法

分离原理是把某一创新对象进行科学的分解和离散，使主要问题从复杂现象中暴露出来，从而理清创造者的思路，便于抓住主要矛盾。分离原理在创新过程中，提倡将事物打破并分解，它鼓励人们在发明创造的过程中，冲破事物原有面貌的限制，将研究对象予以分离，创造出全新的概念和全新的产品。教学方法创新的分离法，就是把过去或原有的司空见惯的方法加以分解，按照一定逻辑关系进行整埋，然后突出某一部分甚至将其扩充放大，成为一种等同甚至超越于原来方法作用的新方法。

三、还原法

还原实际就是要避开现行的世俗规则，即将所谓"合理"的事物设定为"非"，将事物的原状设定为"是"；就是要善于透过现象看本质，在创新过程中能回到对象的起点，抓住问题的原点，将最主要的功能抽取出来并集中精力研究其实现的手段和方法，以取得创新的最佳成果。教学方法创新与其他任何创新一样，都有其创新原点，寻根溯源找到创新原点，再从创新原点出发去寻找各种解决问题的途径，用新的思想、新的技术、新的手段重新构造方法，从本原上解决问题，这就是还原创新方法的精髓所在。

四、移植法

创新理论认为，移植法是把一个研究对象的概念、原理和方法运用于另一个研究对象并取得创新成果的创新原理。"他山之石，可以攻玉"，移植法的实质是借用已有的创新成果进行创新目标的再创造。教学方法创新活动中的移植法，可以采取同一学科领域的"纵向移植"（我国高等教育教学方法的通用手法是非理性的"下位"的基础教育教学方法"上移"，而当前基础教育教学创新中则采取了诸如研究法、实验法等更多"上位"方法"下移"的手法），也可以采取不同学科领域、不同地域的"横向移植"，还可以采取多学科领域、多地域教学方法的理念、思维和方法等综合引入的"综合移植"。移植能够取得新的成果，在教学方法方面，移植也符合"感受共存"中的新奇性标准——没尝试过的就是新奇的。所以，在教学方法问题上，美国的许多常规方法引入到我国来，就是创新，就能够产生新的效果，而我国的传统教学方法传播到美国去，也会产生意想不到的效果。

五、逆反法

逆向思维是一种重要的创新方法，逆反法要求人们敢于并善于打破头脑中常规思维模式的束缚，对已有的理论方法、科学技术、产品实物等持怀疑态度，从相反的思维方向去分析、去思索，去探求新的发明创造。实际上，任何事物都有着正反两个方面，这两个方面相互依存于一个共同体中。人们在认识事物的过程中，习惯于从显而易见的正面去考虑问题，因而阻塞了自己的思路。如果能有意识、有目的地与传统思维方法"背道而驰"，往往能得到极好的创新成果。教学方法中有一种备受推崇的"深入浅出"方法，其实，从逆反法的角度分析，高等教育教学中的很多课程内容可能并不适合"深入浅出"，而是更需要"浅入深出"才能达到引人入胜。

六、强化法

强化是一般创新方法之一，它是基于科学分析研判基础上的一种"包装术"，即合理策划。强化法主要对原本一般的方法通过各种强化手段进行精炼、压缩或聚焦、放大，以获得强烈的创新效果，给人以感觉冲击。分析国家级"教学名师"们的教学方法，很多都是采用强化法，把普通的教学方法"概念化"，或者按照分离法原则把一个普通方法的局部元素加以剥离、充实，将其开发到极致、应用到极致，并打上首创者的名号。这样获得的教学方法不仅是"新"的，也是"强"的。

七、合作法

高等教育教学活动是典型的深度合作活动。这种认识一直没有得到推广，以至于教学方法的单边主义长期盘桓，根深蒂固。创新现行屡遭诟病的教学方法，推进高等教育教学方法创新，思路之一就是从教学活动本源入手。有学者分析"对话教学法"是以师生平等为基础、以学生自主研究为特征的典型的合作创新方法，并由此推演出"以教师为中心""以学生为中心""师生关系平等"和"突出问题焦点"的四种对话教学模式。其实，不唯对话教学法是合作创新的范例，任何教学方法的创新，从创新主体而言，合作的路径都是无限宽广的，因为科学的发展使创新越来越需要发挥群体智慧才能有所建树。早期的创新多依靠个人的智慧和知识来完成，但像人造卫星、宇宙飞船、空间试验室和海底实验室等，需要创造者们摆脱狭窄的专业知识范围的束缚，依靠群体智慧的力量，依靠科学技术的交叉渗透。

第二节　高等教育教学创新的思路

一、更新教学理念

更新教育思想，确立实践教育的教学理念。实践，是指将高等教育教学内容中的自然科学知识、人文知识、德育等各种理论知识教育，通过具体的系统实践来消化、固化、融合、升华。在实践中统一科学教育与人文教育，把实践育人贯穿于人才培养的全过程，培养学生的实践能力和创新精神，提升个人的人文素质和科学素质，达到完全与社会实际需要相符合。高校在校园文化的建设中要建立一种新的激励机制，带动学生积极展开创新创业活动，并给予大力支持，全面推进实践教育。

树立以生为本的教学理念。就是在教育教学中要体现出对学生主体地位的充分理解和尊重，对学生潜能的充分诱导和挖掘，对学生人格的充分培养和塑造，把学生的个人意愿、社会的人才需求、学校的积极引导有机结合起来，使学生在知识、能力、思想道德、身心健康等各方面得到均衡、全面的发展，从而促进学生成长成才。这一教学理念要充分贯彻体现到高校所有教学环节之中的各个方面。在教学模式上，要对原有的缺乏弹性的、学生被动接受的、没有选择余地的教学模式进行创新，实施弹性教学计划，建立学分制、主辅修制，让学生有一定的选择权和支配权，可以自由支配属于自己的时间和空间，着力于学生创新能力和实践能力的培养；在教学目的上，要"一切为了学生，为了学生的一切，为了一切学生"；在教学方法上，要大力提倡"以学生为主体、教师为主导"的互动式教学方法，鼓励进行问题式、案例式、讨论式、情境式教学法，开展"启发、互动、探究式"的课堂教学实践，采取一系列措施，使教师由传统式知识传授型教学向现代式研究性教学转变，引导学生由被动接受型学习向研究型学习转变。

在教学组织的具体实施方面，应采取灵活多样的教学组织形式，对目前过于刻板的传统教学方式进行创新，充分发挥学生的个性，对学生进行激发和引导，使学生经过探索研究学会自主学习，使教学方式从传授知识向培养学生认知能力和全面素质转变。转变以教师、课堂、书本为中心的教学局面，进行师生互动，展开专题讨论，鼓励自主探索与合作的学习方式，培养学生的探索精神与批判性思维；重视教学的创新性和学生个体间的差别指导，让学生在与教师的朝夕相处中耳濡目染，接受熏陶；以学生亲自动手实践为主，采取提供实践平台、鼓励学生积极参与科学研究实践课程创新的手段，增强教学活力，培养学生获取新知识、分析和解决问题以及交流与合作的能力。

制定均衡的高等教育资源配置政策。在重点大学和普通大学之间要实现教育资源配置的均衡。在建设和发展"985工程"和"211工程"重点大学的同时也要兼顾一般大学，着力改善一般大学的办学条件。还要针对目前不同区域间高等教育差距越来越大的现象，制定相应的区域高等教育政策，寻求不同教育资源在区域间配置的平衡，增强区域高等教育发展的动力。科学合理地安排高等教育的学科专业布局，加强教学内容和课程体系的创新。合理安排课程设置，高校的办学理念、专业与课程设置和教学模式要与社会需求相一致，培养与社会需求相符的人才。首先，在进行学科专业建设时依据"厚基础"原则构建培养本学科专业人才的基础知识、能力和素质结构。其次，在安排学科专业布局时要依据"宽口径"原则，拓宽学生的专业知识面，使专业设置从对口性向适应性改变，实行宽口径的专业教育，优化课程整体结构，拓宽专业课程交叉培养，增加弹性教学，提高教学质量，提高学生综合素质，培养学生科学全面发展，为社会提供高素质人才。最后，高校要抓住自身特色，合理定位，遵循差异性原则，建设优势学科，避免模式单一，合理配置教育资源，促进教育公平，促进高等教育科学发展。

因材施教，树立以生为本的教学理念。因材施教，就是根据不同学生的个性特点来进行不同的教育活动，通过对差异性的辨析制订出适合其特点的教学计划。教育公平的实质也不是使每一个学生都获得同样的教育，而是使每个学生都获得"适合"自身的教育，这就是教育公平的"适合性"原则。我们要充分认识到学生是教育活动的主体，学生是发展的独立的人，每个学生都有自己独特的个性。我们要做到在制订教学目标、教学模式、教学内容以及教学方法等教学活动方面坚持以生为本的教学理念，尊重学生的主体地位，充分挖掘学生的潜能，使学生的个性得到充分发展，塑造学生的健全人格，促进学生的全面发展，促进教育公平的实现。

构建高等教育教学质量保证体系。高等教育教学的质量直接影响着人的全面发展，最终影响经济社会的发展。我们要依据相应的政策法规建立高等教育教学质量保证体系，规范学科专业建设，避免重复建设和教育资源浪费；构建独立的、有权威性的高等教育教学质量评估机构，加强对高等教育教学质量的监督；完善高等教育教学评估政策，充分发挥社会的监督作用，对高等教育教学质量进行监督。

总而言之，追求高等教育教学公平是促进高等教育公平的核心所在，也是促进高等教育创新发展的不懈动力。我们必须坚持科学发展观，继续深化高等教育教学创新，优化高等教育结构，不断提高高等教育教学质量，实现人的全面发展，最终促进高等教育公平的实现。

二、办学特色

（一）办学特色的内涵

教育部在《普通高等教育本科教学工作水平评估方案》中明确了办学特色的

定义以及内涵，"特色是指在长期办学过程中积淀形成的，本校特有的，优于其他学校的独特创新风貌。特色应当对于优化人才培养过程，提高教学质量作用大，效果显著。特色有一定稳定性并在社会上有一定影响、得到公认。特色可体现在不同方面：如治学方略、办学观念、办学思路；科学先进的教学管理制度、运行机制；教育模式、人才特点；课程体系、教学方法以及解决教改中的重点问题等方面。"高校办学特色就是一所大学在长期办学过程中形成的本校特有的和已经被社会认可了的在某些学科领域方面优于其他学校的独特创新风貌和具有可持续性的发展方式，具有稳定性、认同性、创新性、独特性和标志性。高校办学特色的内容主要包括学科特色、科研特色、人才培养特色、校园文化特色这四个方面。

教育部在《关于进一步加强高等教育本科教学工作的若干意见》中提出，要培养数以千万计的德智体美全面发展的高素质专门人才和一大批拔尖创新人才，突出提高人才培养质量的位置。而办学特色正是高校质量的生命线，是学校追求最优品牌的实现。高校应以追求特色、打造优势为目标，促进办学水平的整体提升，使高校的办学特色更加显著，从而提高高等教育质量。

（二）办学特色的形成

第一，教育教学创新，培育办学特色。一所有特色的高校必定拥有自己独特的教育思想和教育教学，这种教育思想和教育教学能够在特定的时空环境中指导高校在办学发展过程中的办学思想和办学理念，并能适应时代和社会对教育和人才培养的要求，符合教育思想和教育教学的创新要求，符合教育创新发展和社会进步的一般规律，能够促进教育发展方向、人的全面发展及人才培养过程的优化。教育教学的创新必将带来教育思想的转变，先进的教育思想必将促进先进办学思想的实践，其中包括新的办学目标、办学模式的重新定位标准、实现这一标准所采用的方法和途径以及对此办学实践效果的综合评价。

第二，构建学科特色，促进办学特色。学科特色建设是促进高校办学特色形成的关键所在。学科建设作为高校培育人才、科学研究和服务社会三大职能的具体承担者，它的建设和发展水平对高校的人才培养、科学研究、专业建设和师资队伍等方面的质量有着重要影响，对高校办学特色的形成有着强有力的支撑作用，并决定着学校的服务能力和水平及办学层次的提高。学科特色是高校办学特色中的标志性特色，是高等教育核心竞争力的主要组成部分。学科特色，一是指特色学科，指某一特定的学科特色；二是指学科结构体系特色；指由几个特色学科共同组成的学科特色。特色学科是学科特色发展的基础，学科结构体系特色是学科特色的扩展壮大，真正的特色学科具有不可替代性，是难以被模仿和复制的。高校在学科建设上不能盲目求"大"求"全"求"新"，而要求"精"求"尖"，要因校制宜地构建优势学科，发挥优势学科所附带的"品牌"效应，形成办学特色。美籍华人科学家田长霖教授曾经说过，世界上地位上升很快的学校，都是首先在一两个学科领域有所突破，而不可能在各个领域同时突破，达到世界一流。学校要全力支持最优秀的学科，要有先有后，把优势学科变成全世界最好的，其他学科也就会自然而然地提升上来。所以从某种意义上来讲，一所大学的学科优势所在，也就是这所大学的办学特色所在。

第三，发扬大学精神，形成办学特色。南京大学教授董健认为，大学之"大"，应该包括思想自由、学术自由；培养人完善人，不断提升人格和道德；独立于政治权力之外，追求学术真理，"大学精神"就是在大学里做学问的心理状态和文化立场。大学精神是一所大学内所有成员在长期的办学实践中共同创造、传承，并逐步发展起来的被大学所有成员共同认同的一种精神理念，它反映了一所大学的历史文化传统以及面貌状态，是大学的精神信念和意志品质的准确表达，是大学独特气质的精神形式和文明成果的表现，也是大学所有成员的精神支柱。大学精神犹如个人的品格，是大学最为核心和高度抽象的价值追求和行为规范，决定着大学的行为方式和发展方向，是大学存在和发展的基石，是大学的灵魂和本质所在。大学精神是大学保持永久活力的源泉，是大学优良传统文化的结晶，是大学在长期教育实践中积淀下来的最具典型意义的精神象征，体现了大学所有的群体心理定式和精神状态，展现了大学的整体面貌、风格、水平、凝聚力、感召力和生命力，最终凝聚成独有的办学特色。高校的办学理念以及办学实践应该有利于大学精神的形成和发展，并使之形成一种特色教育，经久不衰。

三、推进师资队伍建设

逐步取消高校行政级别，精简高校管理机构，压缩行政费用开支，使教师真正在高校中处于主导地位，同时进行师资队伍建设。百年大计，教育为本；教育大计，教师为本。习近平总书记在同北京师范大学师生代表座谈时指出："教师重要，就在于教师的工作是塑造灵魂、塑造生命、塑造人的工作。一个人遇到好老师是人生的幸运，一个学校拥有好老师是学校的光荣，一个民族源源不断涌现出一批又一批好老师则是民族的希望。国家繁荣、民族振兴、教育发展，需要我们大力培养造就一支师德高尚、业务精湛、结构合理、充满活力的高素质专业化教师队伍，需要涌现一大批好老师。

没有高水平的教师队伍，就没有高质量的教育。尊重教师是重视教育的必然要求，是社会文明进步的重要标志，是尊重知识、尊重人才、尊重创造的具体体现。要进一步在全社会弘扬尊师重教的良好风尚，把广大教师的积极性、主动性、创造性更好地发挥出来。"教师作为高校培养人才、传播知识的主体，是高等教育教学中的第一生产力。一所学校的办学理念和办学方针都需要依靠教师在教学过程中呈现出来，高校要依据自身的办学特色，造就一支具有足够知识储备、教学科研能力、创新意识和人格魅力的高素质教师队伍。把重点学科、特色学科带头人的培养作为学科建设的首要内容，加大对重点学科、特色学科带头人的引进力度，加快高层次创新人才培养，突出特色训练，形成明显的学科优势，促进学科发展，进一步提升在职教师的素质，提高高等教育教学质量。

建设一支优良的师资队伍是提高教学质量的关键所在，是实现高校培养人才目标的有力保障。随着高等教育教学创新的发展，我国已经初步形成了一支总体规模较适当、学科体系较齐备、综合能力不断增强的高校师资队伍，在数量和专业层次上都有了较大幅度的增长和提升，但是在整体结构、综合素质上依然存在一些不协调和不足之处，影响着我国高等教育教学创新的可持续发展。

（一）优化高校师资队伍结构

高校师资队伍的结构内容主要包括教师的学历、职称、年龄这几个方面，它可以直观地反映出教师队伍的质量、能力和学术水平的一些基本情况。这些年来，虽然我国陆续实施了"高层次创造性人才工程""高校青年教师奖""骨干教师资助计划""硕士课程进修"等多项高级资质队伍建设工程，但高校教师队伍的总体结构还存在着不合理因素。虽然现在的大多数高校普遍抬高了门槛，高校教师的大门不再对本科生敞开，必须是研究生以上学历才可以获得进入的机会，但是近亲繁殖的现象还是存在的，高学历人才分布不均衡的现象也还是比较突出的；在高校教师的职称、年龄结构上，普遍存在着缺少中青年学术骨干教师、拔尖人才等高层次人才的问题。因此，我们要加大对骨干教师和优秀学科带头人的引进力度，强化高层次带头人队伍建设。对于高职称的学科、学术带头人、紧缺专业人才要给予一定的政策倾斜，根据学科发展的目标，有目的地吸引高层次人才，以确保高校师资队伍的职称结构比例合理；还要利用有效措施引进高学历人才，提高师资队伍的学历层次。加强本校优秀人才的培养和吸纳来自不同地区和高校的人才，引进与培养相结合，推动人才与资源的有效整合，以利于各学科专业教师整体知识结构的优化，最终促进高校师资队伍结构的协调发展。

（二）提高高校教师综合素质

高校师资队伍建设是高等教育教学创新发展的基石，它直接关系着高校教学质量的提高。高等教育的快速发展对高校教师的教育教学思想、知识结构、教学方法等综合素质提出了更高层次的要求，要求教师具有熟练应用现代信息技术和现代教育手段的能力、教学与科研的创新能力、理论联系实际的能力、将知识服务于社会的能力以及良好的社会交往能力，要建设这样一支学术过硬、综合素质较高的教师队伍，我国的高等教育师资队伍建设任重而道远。提高高校师资队伍的综合素质要把师德建设放在首位。师德建设是师资队伍建设的基础，不断加强师德建设，是全面贯彻党的教育方针政策的根本保证，是培养德才兼备的高素质的社会主义建设者和接班人的必然要求。在高校师资队伍建设中要遵循"以人为本"的原则，牢固树立"师德兴则教育兴、教育兴则民族兴"的爱国主义教育教学观念，要求教师不断更新观念，用现代教育思想充实自我、完善自我，推进高校师资队伍建设，建设一支为人师表、作风优良、爱岗敬业、治学严谨、教学科研能力强、与时俱进的高素质教师队伍。

提高高校师资队伍的综合素质要注重教师教学素质的培养。教学是培养人才的直接途径，也是高校的主要工作，教师是教学的实施主体，培养教师的教学科研能力是提高教师教学水平的主要途径。要改变过去只注重学历的提高而忽视教育教学能力培养的状况，既要注重教师专业学术水平的提高，也要重视教师教学水平的提高。要求教师掌握教育教学理论、教学方法以及教学规律，增强教师提高教育教学水平的积极性和自觉性；还要加强教师对科研工作的重视，为教师提供进行科研创新的条件；提高高校师资队伍的科研能力、学术水平和教师职业化水平，以建设"特色专业——精品课程"和聘任重点学科带头人为龙头，加强重点学科带头人、学术带头人、学术骨干队伍建设，在部分学科领域形成独具特色的人才群体，致力于学术大师和教学大师的培养，带动师资队伍整体水平的提高。

总之，我们要把高校师资队伍看作一个整体，通过多种方式培养高校师资队伍现代教育教学的能力，提高教师的专业理论学术水平、教育教学能力、科学研究能力以及科学文化素养，全面提升其教育教学功能、团队协作功能、科研开发功能及社会服务功能，使其掌握先进的教学、科研方法，并具有崇尚科学、勇于创新的开拓精神以及为高等教育事业不懈追求的精神，为高校培养一支具有良好的职业道德、较强的教学科研能力和充满活力的高素质师资队伍，促进高等教育教学质量和水平的提高，促进师资队伍建设的良性循环，促进我国高等教育教学的创新，为高等教育创新的跨越式发展奠定基础。

四、创新课程体系及教学内容

（一）课程体系创新

首先要优化和调整学科专业课程结构，因材施教，分层次教学、分类别培养，同时进行主辅修、双学位、定向培养、中外合作办学等多样化的人才培养模式，在满足不同基础的学生的学习需求和发展需要的同时也能促进人才培养质量的提升。在课程结构上，打破传统的单一课程结构类型，即分科课程、国家（或地方）课程、必修课程统一天下的局面，重新调整课程结构，优化课程体系。综合课程、必修课程和选修课程都要各自占有一定的比例，以"本科规格＋实践技能"为特征，重视学生的个别差异；坚持四个结合，即理论与实践、人文教育与专业课程教学、课内与课外、校内与校外相结合，构建一种合理的适合学生发展的课程体系，最终培养学生具备两个方面的素质——文化素质与创新素质，提高四个方面的技能——基本技能、通用技能、专业技能、综合技能。

在高校基础课程教育的基础上，构建综合基础教育体系，所有学科专业都要进行国防教育、人文教育、自然科学基础、德育实践等基础知识培训。构建综合实践体系，搭建公共实践平台，包括专业实验、实习、设计，毕业设计（论文），德育实践，科技文化实践、创新实践等。还要构建学生实践能力考核体系，对学生的综合实践能力进行考核。进行"创新课程"研究，转变理论基础。创新课程所依据的理论基础由心理学扩展为社会学、经济学、文化学、政治学和生态学等更具包容性的学科领域。创新不仅包括首次创造，也包括对他人所创造出来的成果的重新认识、重新组合和设计应用。创新课程并不是以学科的方式向学生传授一整套如何创新的知识、方法和策略，也不是以学生获取学科知识为中心，而是以综合实践的方式为学生提供相对独立地、有计划地进行研究性学习、设计性学习、体验性学习、实践性学习、反思性学习和生活性学习的学习机会，让学生从自己的现实社会生活中自主选择研究课题并通过对开放性、社会性、综合性和实践性问题的探究，形成自己独特的学习方式，培养学生的创新精神、探究能力、开放性思维、社会实践能力和社会责任感。同时，创新课程也是一种创新性理念，指在一种课程开发与实施的过程中，除了独立的综合实践课程之外，原有的所有课程科目在具体实践中都要设置一些必要的干扰性因素，并利用课程内容的复杂性和模糊性来增加课程的难度，以培养学生的探究能力。

（二）教学内容创新

遵循"厚基础、宽口径、强能力、重质量"的复合型人才培养原则，重新规划和设计教学内容与课程体系。改变过去只在专业学科范围内设置专业课、专业基础课、基础课的"三级"课程编排方式，构建专业必修、专业选修、学科必修、公共必修、公共选修五大课程体系。按照学科专业普遍大类平行设计学科专业类课程、新公共基础课程、文化素质教育课程和实践性教学课程等较大教学课程内容体系，增加选修课，减少必修课，对公共课进行分级分类教学。

厚基础，就是使学生熟练地掌握各个学科专业的基础理论、基础知识、基本技能，并能扎实地运用到实践中去，确保学生的知识基础，强化学生基础知识体系，打造精品课程。进一步加强学生基础理论、基础知识、基本技能和基本方法的学习与实践，进行优秀主干课程建设和基地品牌课程建设，重点建设基础较好、适应面广的学科专业基础课、主干课和专业课，使之达到国家精品课程的建设标准。宽口径，就是拓宽学生的专业知识面，使专业设置从对口性向适应性转变，实行宽口径的专业教育，提高学生的综合素质，为社会提供高素质人才。在课程体系建设上，优化课程整体结构，拓宽专业课程交叉培养，提高知识质量，加强大学生文化素质教育，增加弹性教学，改变传统的教学计划。在"公共必修"课程之上可以设置"学科必修"课程，按照分类搭建课程平台，注重文理交叉，在课程体系中设置跨专业课程，强化专业渗透，为学生的宽口径发展搭建学科基础平台，优化学生知识结构，让学生根据自己的专业特长、兴趣爱好和发展趋向自由选择，进一步拓宽专业口径，培养大学生综合素质。强能力、重质量就是从培养学生全面发展、提高学生综合素质出发，以分析、模拟等基本形式展开实践教学，加强课堂内外的实践教学环节，并通过组织社会实践、社团活动、专业实习等实践活动培养学生的务实能力和操作能力，注重学生的人格塑造，充分挖掘学生的潜能，注重培养学生"从一般到个别"的解决能力，着重训练学生"从个别到一般"的调查分析能力，帮助学生养成可行性分析的良好思维习惯，使培养出的学生具备强能力、高质量的特点。

（三）注重实践教学

当前，高等教育教学投入不足、教学管理环节薄弱、教学创新还需加大力度是我国高校教学工作存在的主要问题。旧的传统教育思想和教育观念仍占主导地位，教学模式、教学内容、教学方法与学生高等成才实际相脱节，尤其缺乏相对应的实践教育，导致人才培养与社会经济发展需求相脱节，致使培养出的学生由于缺乏实践能力而不能满足创新型国家建设和经济全球化发展的要求，失去了大学服务于社会这一功能的重要意义。针对我国高等教育教学创新中出现的这种状况，教育部财政部联合发出了《关于实施高等教育本科教学质量与教学创新工程的意见》，决定实施教育教学质量工程，中央财政将投入大量的资金支持"质量工程"的建设。同时，教育部也发出了《关于进一步深化本科教学创新全面提高教学质量的若干意见》，指出要重点落实实践环节，拓宽大学生校外实习、实践渠道，与社会、行业以及企事业单位共同建设实习、实践教学基地，力求提高大学生的实践能力；对学生进行实践教育，并多方面采取各种有效措施，确保学生专业实践和毕业实习的时间和质量，把教育教学与社会实践紧密地结合起来。

开展实践教学，要求学校通过开拓各种有效途径为学生搭建实践平台，建立一批相对稳固的课内外学生实习和实践基地，并积极组织学生进行社会实践、调研、实习等活动，逐步培养大学生的敬业精神，培养他们艰苦奋斗的精神和坚韧不拔的意志，有计划、有目的地推动大学生自觉自愿地加强职业道德素养。逐步培养大学生的实践创新能力，积极支持大学生创新创业活动，致力于大学生创新素质的发掘和培养。创新素质主要包括创新意识、创新精神、创新能力三个层面的内容。在创新型国家的建设进程中，这种全新的创新素质正逐渐成为大学生在就业市场竞争中的核心竞争力。

五、教学模式和方法创新

（一）教学模式创新

人才的培养是一个复杂的系统工程，必须不断探索其内在的规律，创新旧的不合理的教学模式，认真细致地研究教学，研究其内在的多重因素，如教学理念、教学内容、教学方法、教学模式等，从而掌握教学的规律。因此我们提出了"教学民主"的教学观念，对传统的教学模式进行创新，开创研究性教学、开放性教学和互动性教学等一些能够体现"教学民主"的经典的教学模式，充分突出学生的主体性地位，激发学生的主动参与意识，开发学生的学习潜能，营造民主、和谐的学习氛围，指导学生学会学习，在教学中建立一种和谐的师生关系，充分调动学生学习的自发性和积极性，保证学生和谐的全面的发展。

推广研究性教学，培养学生的创新意识。教学从注重知识传递向注重能力培养的转变，必然要求教学方式方法的变革，推进研究性教学正是深化教学创新的重要路径，也是研究型大学人才培养的一个基本特征。研究性教学是一种将教师自身的研究思想、研究方法和最新成果引入教学过程的教学模式。通过研究性教学，使教学建立在科研的基础上，科研促进教学质量的提高，教学与科研互动并向学生开放，从而引导学生在参与教学的过程中步入科研前沿，激发学生主动思考、主动探索、主动实践的创新意识。研究性学习的过程，是情感活动的过程，通过让学生自发地参与探究性学习活动，获得亲身体验，逐步形成一种在日常生活和学习中勇于探索、努力求知的良好习惯，从而激发他们探索和创新的积极欲望。研究性学习的过程，就是一个探索的过程，一个在相对开放的环境中寻找问题和探讨解决问题的过程，通过这一过程，可以培养学生的思维能力，培养学生发掘和解决问题的能力，对学生掌握一定的科学的学习方法，增强学生对资料的收集能力、分析能力、总结能力，以及学会利用多种有效手段、多种途径获取信息都有积极的推动作用。研究性学习的过程是一个互动的学习过程，在这个互动的学习过程中离不开学生与团体、学生与学生之间的沟通与合作，可以说研究性学习为学生提供了一个人际沟通与合作的良好空间，为学生分享研究资料、学习信息、创意和研究成果以及发扬团队精神提供了一个很好的交流平台，培养学生学会合作、发现问题、克服困难和共同解决问题的能力。研究性学习的过程也是一个实践的过程，要求学生从实际出发、实事求是，尊重他人的研究成果，严谨治学，积极进取。研究性学习的过程也是一个提高学生全面素质的过程，通过学习实践加深了学生对科学的认知以及科学对自然、社会的积极意义与价值，使学生懂得思考国家、社会、人类与世界共同进步、和谐发展的伟大命题，在培养学生的创造能力和实践能力之余还培养学生形成了积极的人生观、价值观。研究性学习的过程还为学生提供了综合运用各门学科知识的机会，加深了学生对学过知识的重新记忆，加强了学生知识的生活化。

进行开放性教学，培养学生的积极参与能力以及自主创新能力。开放性教学的主要思想理念在于以学生的发展为本，通过教学目标、教学方法、教学内容以及整个教学过程的开放，从传统的封闭式课堂教学走向开放式教学，充分发挥学生的主体作用，让学生自己掌握学习主动权，自己去探索、发现，培养学生的创新能力。在开放性教学中，教师不能仅仅拘泥于教材、教案的内容，要给学生提供充分发展的空间，创设有利于学生自主发展的开放式教学情境，根据学生的发展状况不断调整教学过程的每一个环节，激发学生学习的动力，促进学生在积极主动的探索过程中健康、全面、和谐地发展。开放性教学不只是一种教学方法、教学模式，它还是一种教学理念，它的根本目的是让学生的创新潜能得到充分发展，以开放的教学活动过程为路径，以最优的教学效果为最终目标。

开创互动性教学，提高教学质量。互动性教学就是在教学过程中充分发挥师生双方的主动性，师生之间相互交流、相互探讨，促进师生共同发展，最终优化教学效果、共同完成教学目标的一种教学模式。互动性教学可以活跃课堂气氛，而且能够及时反馈学生的学习进度以及掌握知识的规律。互动性教学包括教与学的互动、教学理念的互动、心理的互动以及形象和情绪的互动等等。互动性教学是一种富有生命力的创造性教学，有着现代性、互动性和启发性的特点，它不同于传统的以教师为主的灌注式教学，也不同于放任学生自由学习的"放羊"式教学，它要求教师按教学计划组织学生系统地有目的地学习，并要求教师按学生的发展要求有针对性地因材施教，促进教师努力探索和学习，不断提高自己的专业水准和教学水平，同时激发学生学习的积极性，促进学生个性的发展，提高教学效果和效率，最终提高教学质量。互动性教学以学生为主体，以教师为主导，提倡师生平等的沟通和交流，让学生在没有压力的情况下轻松自由的学习，让学生参与教学计划、教学决策，培养学生自觉学习和主动学习的能力以及创新学习的能力。

（二）教学方法创新

进行高等教育教学创新要注重教育思想理念的更新，要符合经济社会发展的需要，要吸取国内外教育专家的理论和经验，要坚持理论联系实践。教师要树立大教学观，积极推进实践性教学，处理好知识教学与技能培训之间的关系，把练习、见习、实习、参观、调查等环节全部纳入到教学范畴，使学生在实践中学会学习、掌握知识，在实践中培养解决问题的能力。

启发式教学法，就是根据高等教育教学的目的、内容、学生的学习进度、知识规律和现有知识水平，采取各种教学手段，对学生通过启发、诱导的方式进行知识传授和能力培养，促进学生主动学习的一种教学方法。启发式教学法是以教师为主导、学生为主体的一种科学、民主的教学方式，它能激发学生的学习主动性和积极性，激起学生的求知欲和探索欲，让学生开动脑筋、积极思考、大胆质疑、主动实践，并在教师的引导下带着问题进行学习研究，找出解决问题的办法，以达到掌握知识的目的。启发式教学法不只是一种简单意义上的教学方法，它更是一种教学理念。因此，为了激发学生的求知欲，提高学生的学习兴趣和探索欲望，加强对学生创新思维的培养，教师应当遵循大学生的认知心理规律，充分考虑学生思维的特性，采用启发式、研究式的教学方法训练学生的思维，从感知和直观开始，不断引出问题，不断创造背景，紧紧抓住学生思维的火花，循序渐进，启发并改进学生的思维方式和学习方法，让学生在不断地探索研究过程中学习，增长知识，训练思维，由被动学习转变为主动学习，最大化地开发学生学习的潜力。

实践式教学法，就是以边讲边练的方式在实践基地中讲授理论课，通过理论与实践相结合的方式促进师生共同完成教学任务的教学方法。在教学过程中，要着重培养学生的学习能力，培养学生获得知识和运用知识的能力，把教师的讲授、辅导过程和学生的自学过程结合起来，把科学研究引入教学过程，培养学生的研究能力和创新意识；指导学生积极参加社会实践，进行社会调查与研究，在实践中学习知识；鼓励学生进行探索创新。教师讲授时要重视知识的集约化和结构化，让学生重点掌握学科的基本知识、基本结构与基本方法，并运用现代化科学技术逐步提高教学手段，提高教与学的效率，改进考试方法与教学评价制度，调动教师的教学积极性和创造性，促进学生自发地主动地学习。在进行教学计划的过程中，教师作为学生学习过程的组织者与协调人，要精心创设情境，根据预定学习任务来制订教学内容，制订一些来源于实践活动的综合性学习任务，然后引导学生独立确定目标，让学生从一开始就参与到教学过程当中，制订学习计划并逐步实施和评价整个过程，形成实践与学习相结合的教学方式。在整个实践教学过程中，教师可以采用讨论式教学法，以及案例教学、项目教学等多种教学方式，激发学生的兴趣，培养学生独立思考的能力以及解决实际问题的能力，培养学生的科学精神、创新意识和独立人格。

不管采用何种教学方法，传授知识、培养能力、提高素质这三者在高等教育创新中都是有机的统一体，也是高等教育教学创新的最终目的，我们要通过教学方法的创新把这三者有机地贯彻到高等教育教学过程中去。我们要树立新的高等教育教学思想：教师要在充分发挥指导作用的同时抽出足够的时间和精力致力于科学研究，学生能够自由独立地学习、思考以及探索需要掌握的知识（包括理论和实践），做到教学相长，教法与学法相互联系与作用，共同促进教学效果和教学质量的提高。

总之，在高等教育教学创新中要针对学生的实际情况并结合以上教学方法，才能够提高学生的综合素质，才能进一步提高学生的学习积极性，才能培养出具有一定理论知识和较强实践能力的实用型人才，才能更好地服务于社会。21世纪是全球化的时代，是知识经济的时代，我们要建设高水平高质量的大学，必须树立现代教育教学观，坚持以生为本，推动大学教学培养模式、教学内容、教学方法的创新，才能更好地适应高等教育发展的需要，为科教兴国、依法治国服务。

六、重视大学生文化素质教育

大学生文化素质教育是大学高质量人才培养的重要组成部分，是我国高等教育教学创新的一个重要方面，要将文化素质教育贯穿于大学教育的全过程，进而实现教育的整体优化，最终达到教书育人的目的。大学生的基本素质包括文化素质（含思想道德素质）、专业素质和身心素质，其中文化素质是基础。文化是人们所创造出来的物质和精神的成果，是人的活动的对象化和物化，是人的观念存在的形式，是超越个人的实物形态或观念形态。一种文化一旦被创造出来，就不再受时间、空间、个人的限制，就会被广泛地传播和使用。文化素质，就是人们所拥有的所有文化知识在内在的积淀，文化素质对于人们人生观、价值观的形成具有基础性的决定作用，并最终成为行为的指导规范，同样，人们已有的人生观、价值观也会反作用于文化素质。提高大学生素质教育，主要是指文化素质教育及创新精神、实践能力的培养。文化素质教育重点指人文素质教育，主要是通过加强对大学生有关文学、历史、哲学、艺术等人文社会科学、自然科学方面的教育，提高全体大学生的文化品位、审美情趣、人文素养和科学素质。

（一）提高大学生文化素质教育的目的和意义

我国要发展，经济是中心；经济要振兴，科技是关键；科技要进步，教育是基础。由此可见，教育在我国发展中的作用和地位是重中之重。在发展过程中，需要主体——人，是有知识、有文化、有创造力的人，进行社会发展和变革，因此，发展又被归结为人的发展。高等教育主要是培育有知识、有文化的创新型人才，能够产生新的科学知识和新的生产力。高等教育的三大职能之一是发展科学，高等教育在传输知识、培养人才的同时，亦创造新的科学理论。高等教育所培养的不同专业、不同层次的各种文化素质人才在社会生活各领域的作用，将直接、间接地影响全社会的可持续发展，可持续发展的教育观念是应从全社会可持续发展的角度来审视教育的创新与发展。在高等教育中，我国已从办学体制、投资体制、管理体制、教育教学、招生就业、考试制度等方面进行了多层次的创新，已经逐步走上了一条可持续发展的新道路。当然这条道路并不平坦，在进行创新的过程中会有诸多的问题凸现出来，其中，提高大学生文化素质教育显得尤为重要。

（二）观念变化对大学生文化素质的影响

我们生活的时代正处于急剧变革的社会转型时期，人们的生存方式和形态也随之发生了历史性的变化，这一变化深刻而广泛地改变了社会背景和机制，从而使道德的权威性与制约作用受到了很大的影响，甚至呈现出一定程度的弱化。目前，受社会上一些阴暗现象的影响，加上各种媒介的导向作用，使我国大学生的价值观和文化观都发生了巨大的变化。"价值观是人们对人和事的评价标准、评价原则和评价方法的观点的体系。它具体表现为信念、信仰、理想和追求等形态。一定的价值观反映着在一定生产关系条件下人们的利益需求，决定着人们的思想取向和行为选择。"在经济日益全球化的今天，经济的迅速发展，物质的极大丰富，也在刺激着大学校园，大学生作为最敏感的社会群体之一，其价值观也随之不断变化，几经波折，最终步入了功利主义的价值取向。以自我为中心，急功近利，重应试轻应用，重感性轻理性；以享乐为荣，以劳动为耻，缺乏正义感。当前，经济发展、文化思潮、教育创新与媒体导向等是影响大学生价值观变化的主要因素。

文化观是一个人对待文化的态度。我们要树立正确的文化观，不狂妄自大，不妄自菲薄。合理对待外来文化，不一概排斥，但也绝不崇洋媚外。我们生活在一个急剧变革的时代，经济的迅速发展在短期内大大膨胀了人们的物质需要，而在物质需要达到一定的满足时，精神需求方面的问题就会浮现出来。面对这个由经济的躁动带来的五彩缤纷的世界，西方文化盛行，传统文化的优势在减弱，大学生的文化观也在发生着巨大的变化。对传统文化的取舍是一个非常尖锐的现实问题。中华民族有着历史非常悠久的传统文化，有着不同于西方文化的独特理念，其中最能体现中华民族优秀传统文化的观念之一就是它的道德观念。我国传统文化具有非常浓厚的道德色彩，我国古代思想家的思想与理论中充满了道德观点，我国传统思想文化的突出特点和优点之一就是它的道德精神。而当代大学生恰恰就是缺乏对这种传统道德精神文化的理解、继承和发扬，而是把它作为一种过时的腐朽的文化思想，和所有的传统文化一并遗弃，抛弃了我们中华民族的传统美德。但是，历史是不能忘却的，社会主义精神文明建设和社会主义的发展离不开我国优秀的文化传统。所谓"有我国特色"，它的主要含义之一就是我国的文化传统。深入研究我国传统文化，发扬其精华，对繁荣社会主义新文化、提高国人的自尊心和自信心、增强国家凝聚力和提供民族精神支柱等，是一项不可缺少的基础工程。我国传统文化是历史的产物，有精华也有糟粕，我们对待传统文化应采取历史的、分析的态度，不应全盘否定。

西方文化的冲击也是一个应该引起我们警觉的现实问题。当代的西方思潮，是西方文化的结晶，是西方文化在当代的重要思想形式和理论形式。我们身处于高度发达的信息时代，媒介的广泛传播和诱导，以及对西方生活方式的渲染传播，使得大学生对西方文化盲目追随，以至拜金主义、享乐主义、暴力主义、色情泛滥及极端个人主义等盛行。当然，任何民族文化要延续发展，就要勇于和善于借鉴、吸收外来优秀文化，要对世界上其他文化采取开放的态度、兼容的态度，而不是闭关自守、故步自封。因此，要继承和发扬我国传统文化的精华和吸收西方文化中的合理因素，这有助于我们树立竞争观念、创新观念、权力制衡等一系列新的文化观念，吸收西方文化的精华有助于建设我国现代文化。我们只有对传统文化和西方文化采取合理扬弃的态度，才能形成有我国特色的社会主义新文化。

（三）提高大学生文化素质的途径

提高大学生文化素质教育，必须将文化素质教育贯穿于大学教育的全过程，要求培养出的大学生具备人文科学素质、自然科学素质，具有较强的综合能力，如观察分析能力，研究思考能力，语言、文字表达能力，决策能力，组织能力，处理复杂关系的能力以及应用计算机和现代信息技术进行学习、工作和生活的能力，从而实现教育过程的整体优化，最终达到教书育人的目的。提高大学生文化素质，必须从以下几方面做起。

提高大学生文化素质教育，高等院校必须转变教育观念，必须进一步加大教育教学创新力度，建立科学的课程体系，创新教学内容和教学方法。首先，转变教育思想和更新教育观念。从目前情况看，我国的高等教育继承和保留了科学、严谨、系统化等优良传统，但重理论轻应用、重传授轻能力和缺乏素质培养的现象仍很严重，尤其是学生创新能力的培养和个性的发展，一直没有得到应有的重视和真正的落实。因此，我们要转变教育思想，更新教育观念，在教育过程中注重对学生创新能力的培养，开发学生的潜力，让学生在受教育的过程中享受到创新的乐趣，积极进取，把学生培养成为全面发展的人。其次，构建科学的课程体系，进行教学内容和课程体系创新，充分发挥以课堂教学为主体的导向作用。文化素质不能纯粹以自然的方式在现实生活中靠个体的感悟和体验来获得或提高，而是需要精心设计和安排，以科学而系统的课程体系为支撑，通过发挥课堂教学的主导作用，来实现大学生文化素质教育的目的。总的来说，要全面提高大学生的科学素质与人文素养，在具体的教学过程中，应强调人文与科学的自然渗透与融合，必须用包括文、史、哲、自然科学等各种学科门类的知识内容来构建多学科交叉的高校课程体系，为培养大学生的科学素质和人文素养提供广博而深厚的文化底蕴。强调课程体系的科学性，使大学生通过各种必修课和选修课的学习和探索，形成合理的知识结构和深厚的知识基础。

提高大学生文化素质教育，高等院校必须提高教师队伍的质量，使教师的科学素质和人文素质全面提高。蔡元培曾指出："大学为纯粹研究学问之机关，不可视为养成资格之所，亦不可视为贩卖知识之所。学者当有研究学问之兴趣，尤当养成学问家之人格。"推进高校师德师风建设。"师者，传道授业解惑也"，教育工作者是社会主义核心价值体系的宣传者和教育者，"身教重于言教"，教育工作者要发扬严于律己、以身作则、率先垂范的优良作风，自觉自愿地做到诚信、肯学、肯干，带头实践我们所提倡的道德标准、价值观念和理论要求，真正起到教育和带动广大学生的领头作用，只有这样，才能真正提高和发挥社会主义核心价值体系中教育工作的说服力、吸引力和感染力。

面对今天出现的一些师德滑坡现象，政协委员、武汉大学教授张俐娜认为，拯救滑坡的师德，其实也是拯救祖国的未来。现在必须把道德标准作为迈进高校门槛的重要指标。教育部也要建立严格的监管制度，谁道德滑坡谁就应该受到惩治，甚至被清除出教师队伍。除了外部监督之外，张俐娜更强调加强道德品质教育，她认为高校师德滑坡不是一个孤立的现象，而是和整个社会的道德状况有关，必须尽快重视提升整个民族道德水准的系统工程建设。

提高大学生文化素质教育，必须创新人才培养模式，把知识、能力和素质三者有机地结合起来，贯穿于大学教育的全过程，使大学生在这三个方面获得和谐的同步的提高，以期造就出高素质的全面发展的人才。要培养大学生拥有良好的文化素质修养，不仅是传授和灌输文化知识，而且要教给他们获取知识的方法和技能，在获取知识的同时，让能力得到充分的发挥，个人素质得到充分的提高，这才是教育创新的最终目的，这才是教育的真正目的。蔡元培先生曾指出："教育是帮助被教育的人，给他能发展自己的能力，完成他的人格，于人类文化上尽一分子的责任；不是把被教育的人，造成一种特别器具，给抱有他种目的的人去应用的。"除此之外，还要全社会的积极配合、媒介充分发挥积极正面的舆论导向作用等等，只有这样，培养出的大学生才是全面发展的人，才会成为有益于社会有益于人类的有价值的新型知识人才，才能继续推动教育创新，才能推进整个社会的可持续发展。

七、实施人力资源强国战略

实施人力资源强国战略，关键在于建设高等教育强国。江泽民同志曾反复强调："人才资源是第一资源。"人才优势是最大的优势，人才开发是经济社会发展的重要推动力，这一论断深刻地表明了人才资源在经济社会发展中的基础性、决定性、战略性作用。进入 21 世纪，我党站在创新开放和加速社会主义现代化建设的高度，提出了实施人力资源强国战略的重大举措。胡锦涛同志曾指出："要推进人力资源能力建设，提高劳动者整体素质，使我国从人口大国转变到人力资源强国。"

习近平总书记在同北京师范大学师生代表座谈时指出："当今世界，科技进步日新月异，国际竞争日趋激烈。特别是经历了历史上罕见的国际金融危机，各国纷纷调整发展战略，更加注重科技进步和创新驱动。当今世界的综合国力竞争，说到底是人才竞争，人才越来越成为推动经济社会发展的战略性资源，教育的基础性、先导性、全局性地位和作用更加突显。'两个一百年'奋斗目标的实现、中华民族伟大复兴中国梦的实现，归根到底靠人才、靠教育。源源不断的人才资源是我国在激烈的国际竞争中的重要潜在力量和后发优势。"

高校的职责就是为建设高等教育强国提供强有力的人才保障和科技支撑。当前我国高等教育已经实现了跨越式的发展成为一个高等教育大国，但是要想建设成为一个人力资源强国，必须以人为本，从创新教育观念、突出高校办学特色、深化高等教育教学创新和完善体制等方面全面推进高等教育创新，才能将我国从人口大国建设成为人力资源强国。

第三节　高等教育教学文化创新

一、高等教育学术与教学关系

现在，人们一提到"学术"似乎就指向了专门的科学研究活动。但在高等教育中，这种认识是不准确的，或者说这种观念是在长期的"以偏概全"的误导下对高等教育活动本质特征的误解。考察大学的起源及其活动特点，这种狭义的"学术"活动是很晚才出现的，而且它似乎还排斥科技应用，使"学术"陷入了一个非常狭窄的范畴。追溯高等教育主要活动的起源，教学活动无疑是最为悠久、最为本质的大学活动类别，它与大学的出现同步或者更早。

高等教育发展到今天，已然形成高等人才培养、科学研究、社会服务三大基本社会功能。但这种功能格局是不断加速演进的，直到近半个世纪前才在美国基本定型并逐步向世界其他国家延伸。美国高等教育的这种"功能创新"也给高等教育自身发展带来了预想之外的麻烦：教学或人才培养活动逐渐丧失其学术探究性特征，教学甚至被淡出"学术"领域，这显然不利于大学基本功能人才培养工作的开展。曾任美国教育部长的卡内基基金会主席厄内斯特·博耶首先提出了"教学学术"问题，从"学术"的内涵出发，认为学术不只是专业性的科研，而是既有探究性的学术，也有整合性的学术，还有应用知识、传播知识的学术，在这个完整的"学术架构"中，"传播知识的学术"被称为"教学的学术"。自此教学的学术性引起了人们的关注，并将学术文化引入教学创新活动。学术文化被引入教学活动不是"外来"的，而是高等教育教学活动本质的复归。高等教育教学活动从来就与学术探究活动密不可分，即使现在大学功能得到分化，也不能剥离教学活动的学术特性。具体来说，教学与学术探究有三重联系。

其一，高等教育教学活动总体上与基础教育教学活动重在"传播知识"的不同，从教学目标出发，要注重培养学生的探究和创新能力，亦即不仅让大学生知其然，还必须让大学生知其所以然。前者是沿袭基础教育方式，在一般教育学、教学论指导下的"知识本位"教学观，后者则是从高等教育自身特点和规律出发的"能力本位"教学观。前者是高等教育教学的痼疾，后者是需要改进和努力的方向。

其二，高等教育教学活动要培养大学生的创新思维、批判精神等内在素质，这种思想素质不是"传播——接受"模式可以实现的，纯粹的"传播式"教学达不到这个目的，必须在有关学术探究活动体验中让学生逐步"养成"。教学活动与学术探究活动有机结合，有利于培养学生的学术精神。

其三，高等教育教学活动自身的教学内容和方法途径必须具有探究性。教学所需的知识信息要及时更新并按照教学传播的实际需要对知识进行再加工，以适应教学对象，而不是某个已有知识的"原生态"；高等教育教学活动中对教学内容的选择还有一个"未定型"知识的纳入问题，长期以来，对教学内容的选择基本是"定型"知识，所以学生在教学活动中对探索未知几乎不用涉及。另外，高等教育教学活动的方法手段要随技术的发展不断改进。

二、高等教育学术文化的核心是创新

建立高等教育教学学术文化的根本在于引入学术的创新特征，促进教学以及教学方法的创新。因为，创新是学术文化的本质要求。一段时间以来，教学活动游离于学术之外，学术的创新特质也远离了教学活动，导致教学以及教学方法的创新举步维艰。

整个高等教育文化的重要标志就是以创新为轴心的学术文化，高等教育文化的界定，就是探究的学术文化、整合的学术文化、运用知识的学术文化和传播知识的学术文化。创新，无不植根其中。即使是按照大学功能划分，创新也蕴含在每项功能的发挥过程之中。毋庸置疑，科学研究需要以创新为武器，人才培养和社会服务同样需要以创新为先导。高等教育的社会服务功能，其实是从转化高等教育科研成果，求解社会的生产、技术、管理等领域的问题起步的，这实际与科研工作一脉相承，甚至就是科研工作的延续或场所转移。因此，运用知识也是需要创新的。

在人才培养，尤其是作为人才培养核心环节的教学活动中，创新元素一直存在而且非常普遍。比如教学内容，最早的教师几乎就是教学内容的化身，没有教材等知识载体，教师日益更新积累的思想学说就是教学内容，被应用于教学活动中。这是教学内容的创新，思想有多远，学说就有多深。倒是现在的信息载体日益丰富发达之后，教师们的思想学说反而少了，有的只是更新而非创新，所以师资力量匮乏。再比如教学技术，从口头教学方式到粉笔加黑板，这就是一个源于教学实际需要的巨大的教学方法创新，其意义不亚于现代网络课堂技术。还有孔子、苏格拉底等的问答式、对话式教学方式，都具有创新生命。所有人才培养环节的这些创新，远远早于大学科学研究职能的产生。所以，在当下意义说，创新是高等教育学术文化的核心，而从起源上说，创新更是高等教育人才培养活动的核心。因此，教学具有以创新为特质的高等教育学术文化属性。

三、重视高等教育教学学术文化

高等教育教学活动是占绝对主体地位的高等教育活动。教学的文化生态样式决定了教学的价值走向。从创新元素的有无来评判，当今的高等教育教学文化生态缺失了"学术性"，也就缺失了"创新"这个灵魂，演化成一种急功近利甚或颓废的"应景文化"，学生参与教学活动是应付老师的某些机械化要求，教师参与教学活动是为了完成学校规定的工作量以便获得报酬,消极应付是其共同特点。高等教育里的另外两种文化活动——学生的文体活动、社团活动、社会活动等和教师的科研活动、研发活动、社会兼职与服务活动等,其积极的、忘我的,甚至疯狂的价值体现与教学文化完全不同。

以创新为魂,重振高等教育教学学术文化是推进高等教育教学方法创新的"招魂"之举。教学方法创新不是凭空捏造新式工具,而在于构建一个适当的环境氛围。富有创新内核的高等教育教学学术文化既是曾经的教学生态样式,又是现在需要大力恢复和重建的教学生态。追溯教学文化传统样式的失衡,很可能是高等教育科研、社会服务两大后发功能的冲击,现在在重振高等教育教学学术文化不是要削弱这两大功能或淡化这两大功能中的创新元素,而是要强化三者之间共同核心的渗透与通融,尤其是现代研究型大学的强大科研功能和大批应用型大学的社会服务功能,可以为教学活动注入无限的创新基因。

四、重视高等教育教学管理文化

教学学术文化的建设是一个系统性工程,也必然是一个长期的过程。作为重要推力之一,重构高等教育教学管理文化乃当务之急,也是一个有效的推进选择。长期以来,在"教学非学术"语境下形成的一系列教学管理制度与文化就是高等教育教学学术文化建设或教学创新的首要障碍。

通过对一系列管理制度的分析,无论是主要针对学生的教学管理还是主要针对教师的教学管理,基本上可以归并于三种属性:机械管理、规范管理、科学管理。这三种层次不同的教学管理,是现代以来高等教育教学管理文化的基本进化路径,但在不同的国家和地区,在不同的高等教育中有时间先后的差别。机械管理曾经作为"科学化"的代名词,取代了千百年时间一直沿袭下来的"自由教学",这对教学规模的扩大,尤其是开始组织班级教学,是有重要贡献和意义的管理革命。规范管理并非新事物,而是机械管理的改进升级版,无论就教学对象还是就教学方法而言,机械管理和规范管理都是扼杀创新、忽略个体差异性的。在教学方法创新上,两者形成阻抗,越是强调规范,创新越难以实现;越是创新的教学方法,越是打破规范的约束。科学管理注意到了各种特殊性的存在,在方法上具有一定伸缩性,与教学方法创新可以相容,所谓科学就是要尊重规律,按照教学方法的规律进行教学管理是可以发挥教学方法创新作用的。

重视高等教育教学管理文化,就应该走科学管理的道路,更加注重教学学术的文化特性，使教学管理更趋于学术管理，尽管现在的高等教育学术管理也存在严重的"不科学"现象；不能管得过死、过于规范，从而违背高等教育教学的学术精神。仅从教学方法及其创新角度来看，自由是创新的根本源泉，无论是现代意义的科学研究还是教学创新，管理越是过于机械、规范的，其自由度就越小，产生创新成果的概率也越小。因此，要呼吁教学自由。教学自由又必须从教学管理的变革开始，使教学管理富有自由创新色彩，在适度控制的前提下分开教学自由，尤其是教学方法自由，它是可以完全分开的。

第七章
高等教育教学质量评价体系研究

第一节　高等教育质量评价体系的理论提升

一、质量评价、质量保障与质量管理

质量评价以质量判断为依据。质量管理问题将伴随着高等教育的繁荣而存在。质量保障则是质量管理发展的新阶段，具有特定的历史意义。比较而言，质量保障突出整体性，质量管理凸显过程性。正如现代管理学的开拓者彼得·德鲁克教授所说的："管理是一种实践，其本质不在于知，而在于行；其验证不在于逻辑，而在于成果；其唯一权威就是成就。"现代管理学研究表明，质量来自管理，质量的高低取决于管理的优劣。因此，高等教育质量保障的关键是建立完善的教学质量管理制度，即建立以激励为主的有利于学生个性发展的教学制度和教学管理运行机制，强化教学过程管理，加强对教学质量的监控和评价。唯有建立适应高等教育大众化和普及化的质量保障与评价体系，才能使高等教育的质量得到切实保障。只有建立完善的组织和制度，才能真正发挥学生对提高高等教育质量的推动作用。如果没有组织和制度作为保障，再好的理念也只是"镜中花、水中月"，难以转化为具体的实践。再者，还要进一步加强高校校风、教风和学风的建设，构建一个有利于学生健康发展的优良环境。评价是提升质量保障的有效手段，但评价又是非常困难的事情，甚至可以说是管理学的世界性难题。毕竟评价是一种基于价值的判断，具有较强的主观性。因此，没有绝对客观、公正与科学的评价。在此情况下，评价就更需要理论的指导。如何使中国高等教育的发展在国际视野和中国特色之间保持张力，应当成为我们关注的一个重要问题。既不能让国际化变得虚无缥缈，甚至遮盖住我们办学的本质和特色，也不能让保持中国特色成为低水平、低层次办学的借口。建立高校内部质量保障体系既是高校进一步深化教育教学改革、落实科学发展观的着力点，也是进一步巩固评建成果的关键，是构

建中国特色教学质量保障体系的基础性环节。要进一步促进高校的内涵发展，通过内部质量保障体系的构建和外部质量监控体系的完善，最终形成保证和提高教学质量的长效机制。高等教育要真正关心学生的生存境遇和发展命运，这就需要了解学生是否在低质量的环境中学习，而不是去对质量的定义进行令人头疼的哲学思辨。

总之，管理的对象有二：一为人，一为物。现代意义上的管理主要是通过体制和制度来实现的。一般而言，体制和制度要为人的能力的充分发挥提供机会与平台、政策与规则、管理与服务。当代中国社会最需要但又缺乏的，恰恰是保障并促进每个人的能力得到充分正确发挥的体制和制度。

二、高等教育质量评价体系的设计原则

（一）评价体系设计的激励性原则

高等教育质量评价，就是把各学校的教育工作置于横向的比较和鉴别之中，使其经受评价检验。通过评价，获得学校教育质量高低、优劣的信息，形成客观的比较鉴别，必将产生强烈的压力和动力，进而激发和增强他们的竞争意识。开展教育质量评价，相当于把竞争机制引入到教育领域，通过评价实行奖惩制度，科学的评价制度和方法将为教育竞争创造一个公平合理的良好环境。在质量评价的过程中，高等学校必须始终坚持以发展为本的重要原则，要根据评价对象过去的基础和现实的表现，对学校的各方面状况进行全面分析，这不仅仅是对高等学校的教学成果作一个价值判断，更是要通过对评价对象的评价与诊断，来发现其所存在的问题和困难，使被评价对象进一步明确未来发展的目标，激励被评者通过发展，缩小与其他高校的差距。也就是说，通过质量评价，不但可以评判一个高校教育质量的好坏，更重要的是能帮助学校诊断问题，使高校能够更清楚地认识到自己与优秀学校的差距，找到努力的方向。

（二）评价体系设计的明晰性原则

高等教育质量评价体系的明晰性原则，是指评价的目的、内容和要求都要明确、具体、清楚、明了。只有确立了明确的评价目的、评价内容和具体的评价要求，评价程序才能顺利开展，才能很好地达到评价的目的。所以，评价内容应紧紧围绕高等学校及师生的自主发展，明确要实现此目标所需要的主要因素，并把其定为评价的核心内容。例如：应高度重视校园文化建设、人才质量提高、学校专业与社会需要挂钩等方面的内容。尤其是对评价内容每一个要素的具体内涵都

必须做出明确、具体、翔实的界定，否则就会产生许多不必要的分歧，影响评价的实际效果。评价体系的明晰性原则另一方面的体现就是对评价者和被评对象提出具体要求，主要包括评价者的职责与任务、纪律和规定。例如：评价者要有高度负责、求真务实的精神，要公正、正直、秉公办事，要廉洁、清明、不收礼品和礼金等等；另一方面是对被评者的要求，主要包括：学校师生及员工从上到下要高度重视、真抓实干，要从细微处着手、从整体上去把握，要以评价为契机，实现自己学校又好又快的发展。同时，评价的目的、内容和要求都要在评价活动开展之前，让评价者和评价对象了解与掌握，这样才能使评价对象有明确的努力方向和目标，才能让评价者懂得为什么要去评价、评价的内容是什么、应该怎样去评价。否则，评价者和评价对象在评价的实际工作中就会茫然而不知所措，其评价结果当然也不会令人满意。

（三）评价体系设计的可行性原则

高等教育质量评价体系的可行性原则，是指高等学校教育质量评价的对象具有可比性、指标体系具有可测性、评价工作具有简易性，从而保证评价工作顺利进行的原则。可行性原则要求评价工作要尽可能地用较少的指标、条目和较简便的方法、途径，反映出被评对象的本质属性和功能。高等教育质量评价的各项工作都要建立在可行性的基础上，要使高等教育评价在广泛的范围内开展起来，必须使评价工作简易可行。这样，才可以使接受评价的单位把评价与改进工作结合起来，而不会把评价工作当成一个负担。另外，一项评价工作的开展需要花费一定的人力、物力和财力，如果评价不能解决实际问题，不仅浪费了国家的财富，而且也给被评价对象造成了很大的负担，导致被评价对象的不满和反感。因此，评价体系的设计特别是评价具体指标的设计必须针对高等学校普遍存在的实际问题，特别要针对学校的办学定位和办学特色以及学生的实际能力等方面的问题。进一步完善评价指标体系，提高评价体系的可行性，突出被评价对象的个性和特色，对于促进高等学校的准确定位、提高被评学校学生的实际能力和创新精神都是非常有利和有效的。

三、专业与就业核心竞争力

高校现有的专业设置和组织结构显得不尽合理和规范。专业结构设置上存在盲目性和随意性，其结果是人才积压和人才紧缺并存的结构性失衡。这必然导致"教育系统"与"就业系统"的错位，进而影响学生的就业，这也是导致一些专业"忽冷忽热"的深层原因之一。前几年,在人才市场热门专业和低办学成本的双重驱动下,许多高校不顾自身条件,盲目争上社会热门专业,造成部分学科专业规模严重失控的情况。大众高等教育的质量主要表现为社会适应性,因而市场竞争就成为大众时代高等教育质量保障的主要方式。而信息的完全程度,也就是信息在高校与外界(政府、社会和高校)之间以及高校内部各成员之间的对称程度,直接影响着市场竞争的有效性。这样,高等教育领域内的信息对称程度就成为高等教育质量保障工作有效开展的重要影响因素。仔细分析起来,高校弘扬自身的办学特色不足,未能很好地根据产业经济和地方社区发展需要来设置优势专业,这是影响专业竞争力的一个必要条件,自然也影响到大学生对专业的归属与认同。专业的发展方向就是特色和竞争力、比较优势。如果没有特色、没有竞争力、没有比较优势,那么这个专业就不是一个好的专业。专业是高校人才培养工作的载体,专业设置的合理与否不仅关系到专业自身是否具有合理的存在逻辑,而且关系到高校所培养的人才是否具有较强的社会适应性。与此同时,社会需要的专业很多,但学校的资源是有限的。学校要在自己所能的范围内,扬长避短,培植优势,打造特色,以优势立足,以特色取胜。无论是单一性、精英式的传统质量观,还是多样性、大众式的现代质量观,都在一定程度上反映了不同时期的社会政治、经济和文化对高校教育的不同要求以及高校教育的价值取向。现代意义的高等教育质量观最主要的特点是"质量"和"质量标准"的多样化,强调高等教育质量评价标准的公正性、科学性和国际性,强调高等教育评价的"个性化"和"特色化"。

四、质量评价与经费结构

各国高校的经费来源都呈现出多元化的特点,各国高等教育经费的筹资渠道包括政府的财政收入、税收、学费、企业资助、捐赠、继续教育的收入及校办产业的创收等几个方面。美国筹措高等教育经费的主要渠道包括政府拨款、学费、销售与服务收入、捐赠及其他收入等。英国高等教育经费主要包括;政府拨款,其中主要是大学基金和研究资助;产学研结合筹措经费;学费;民间捐赠;招收留学生等方式。与国外高校经费来源相比,我国高校经费还是以政府投入和学费为主要来源,还需积极拓宽资金来源渠道,并提高为社会服务的水平和质量,进一步完善融资体制。与 OECD 国家相比,我国高等教育事业性经费支出结构中的人员经费支出比例明显偏低。为提高我国高等教育经费的使用效益,除关注建立相对合理的教育经费支出结构以外，还应高度关注建立科学、规范的高等教育支出绩效评价体系和制度，将教育支出结构与支出效率相联系，切实提高经费使用效率。

在高等教育质量评价过程中建立有效的激励与约束机制势在必行，政府一方面应加大教育投入力度，另一方面也应注重资源使用效率，物尽其用，将教育经费的投入与质量评价结果结合起来。质量建设关系利益结构的调整，主要通过经济杠杆来实现；质量保障关注教育教学活动过程中的行为准则的规范和调整，主要通过相关的质量制度和质量标准来实现。

第二节　高等教育质量评价体系的实践要素

一、行政管理模式的转变

学科这些极其重要的单位，可以被看作是一种组织的基础。高等学校从整体上来说实质就是一个学术组织，是一个学科群的集合体，越到基层越倾向于某一单一学科体系，这样才可能符合其整体学术性的要求。因此，基层组织的学科属性和学术特性是由大学与生俱来的特性决定的。教学、科研和为社会服务的大学三大职能，其实质都是知识创新。教学职能是通过人才培养达到知识的传承，继而为知识创新做准备；科研职能是通过科学研究直接进行知识的更新换代；为社会服务是建立在教学和科研基础上的。当然，这些知识创新需要制度保障，而以学科为基础的知识本体模式就成为此创新的重要载体，这样的基层制度建设才是成功而有效的。

知识本体模式的基层组织制度是人才培养创新的基础，它为课程多样化和灵活性的设置提供可能。只有建立在知识本体模式之上的课程设置、教学和评价，才可能给予授课教师最大的权限和责任。这样才可能保证在课程设置之前，授课教师有充分的主动性来进行市场分析和学生调查，并根据相关信息具体设计出最符合知识发展的人才培养目标，或者是最符合学生需要或市场需求的课程内容和教学方式，并能够根据学生的评价来适时调整教学内容和教学方法。

以多样化课程组合而形成的模块课程学位制度必须建立在知识本体的基层学术组织模式基础上。"如果你正在寻找一个硕士学位，我们灵活的课程设计将在你需要的专业领域提供更加专业化的知识，并为你提供更加广泛的选修课程来整合在你的课程模块中，以适应你个人兴趣和需要。当你并不确定你能够承当所有的硕士学位课程时，你也可以选择灵活的 PCES 的课程模式。"以上这段话正好说明了在同样的学位背后可以通过多样化的课程模块来满足多样化的学生需要和市场需要。而多样化的课程模块需要学科间的自由互动和交流，学科是相对独立的，知识是综合的，知识本体的基层学术组织建设将为这样的学科交流提供空间和可能。

反观院系实体模式，其课程设置模式可能改变自下而上的从知识出发的途径，遵循自上而下的管理思维，从大学发展和社会发展需要出发，这样就会忽视知识、市场和学生发展的需要；而站在知识前沿的教师则会因为没有基层发展责任而丧失了参与课程设置的动力和机会。此外，在各自为政的院系实体中，学科间的交叉交流空间相当有限，封闭的院系封闭了学科交流的可能，学科孤立发展模式违背了知识融合的规律，只会导致学科发展越走越有限，人才培养机制越来越狭窄。知识结构的不合理导致创新型人才培养的空间相当有限。可见，只有符合知识发展规律的知识本位的基层组织模式才可能在大学的教学职能中、在人才培养内容和模式创新中有所作为。

二、内部评价制度的完善

扁平式和分权并立的管理模式保证了大学内部评价制度的完善。该模式的形成符合质量管理"改进和转变"的理念。管理"精致化"是当代管理改革的趋势。扁平化强调压缩管理结构，减少管理层次，下移管理重心，提高信息传输效率，增强系统适应外界变化的灵活性。分权化强调分解权力、职能和责任，创设竞争环境，激发系统活力。但是过分强调扁平化，会影响管理结构，狭义管理重心，可能导致中心管理事务过于庞杂；过分强调分权化则可能导致基层组织间的过分攀比竞争。二者的结合在大学的管理结构中有清楚表现：一方面，大学中心的管理职能和权力、责任通过学部、学院各级组织逐级下放，首先实现分权管理；另一方面，中层管理学部的出现、学部数的减少既符合学科融合的趋势，也是整合管理层级的需要。

从管理结构来看，学术行政采用分立模式，行政服务学术的理念稳固，不同学术部门间既为保持学术独立和自治性而相互分立，又通过学部为学科间的融合发展保持可能，这样的模式为在教学、科研上保持学术独立性提供了切实的内部保障机制。而通过大学层面的学部间的交流来从中观上推动基层学术组织的学科融合和发展，既符合知识发展的逻辑，也符合问题研究范式，更是一种加强大学内部良性竞争合作的管理模式，有利于促进以知识本位为基础的基层学术发展。学术和行政分立的模式，一方面保证行政以学生服务为中心的工作理念，学术领域内以学部为统筹，以学院为主要教学科研单位，学院和中心的并立存在都为以研究引导教学的理念提供了可能；另一方面，学部减少，学科间融合趋势加强，加大了学科交流，打破学科壁垒，为教学法的相互学习提供了新的渠道。

三、多层次质量评价

最后，大学内部推行以基层质量评价为基础，中层关注质量保障，高层关注质量改进，人人为质量负责的质量评价制度。

（一）建立在课程审批、教师发展、学生评测和学生反馈基础上的基层质量评价

根据对教学质量以及质量管理战略的理解，高等教育机构应当对四个影响教学质量的要素进行重点规范。这四个要素分别是：新课程或模块的审批、教师发展、学生测评、学生反馈。

（二）建立在课程定期评价、年度评价基础上的中层质量保障机制

要素规范作为质量保障体系的建设性部分，其实施情况要接受大学评价。作为督促的主要方式，大学需要通过各种形式的内部评价定期检查院系教学质量保障工作。这些形式主要有课程定期评价、课程年度评价以及学系年度评价。

第一，课程定期评价以学院为主体，在学系提交的自评报告基础上进行各系的自评报告并上交学院委员会，学院委员会汇总后上报院校质量保障机构。该评价每五年一轮，以单门课程为单位开展，旨在鼓励各系对课程发展进行长远考虑，刺激新的课程设计并保障各系教育质量的提高。确定好评价的课程及时间后，学系将自评报告提交给学院委员会，后者将组织评价小组开展评价。评价小组的成员不得少于三人，且必须都是外系学术人员，其中一个必须来自外院。他们对被评价学系提交的下列材料进行详细汇报和反馈：①自我评价报告（包括学术数据库中的有关数据）；②上一次定期评价的报告；③外部评价和任何外部专业团体的认证报告，以及在 AQSC 指导下针对这些报告中提出的问题采取的有关措施；④过去三年的外部监考员报告；⑤上一次定期评价以来的所有有关课程的年度课程评价报告；⑥外部成员的详细意见（如果他们不能参加评价会议的话）；⑦学生手册和鼓励性文件；⑧SSLC 的年度报告，以及根据评价小组的判断抽选的部

分 SSLC 文件和学生反馈文件、问卷以及对它们的分析；⑨课程的详细介绍；⑩相关的学科标准陈述。

上述材料中，除了自评报告外，其他文件都是已经存档的材料，这样避免了因评价给系里带来过多的麻烦，影响其日常工作。自评报告的主要内容应包括：课程要求是否恰当，在多大程度上达到了预期的教学效果，课程教学中有没有采用现代技术，是否促进了学生的技能发展，课程结构和内容的改进效果如何，学生的学习效果和学习机会如何，以及系内对课程的检查和监督方法是否有效等。

评价小组的组长和秘书对上述材料进行检查并满意之后，将召集系里师生召开评价会议，重点讨论和评价课程的效果以及优缺点，然后提出改进意见。最后，评价小组秘书将起草总结报告，提交给 AQSC，同时给系里一份，要求系里书面回应报告的结论和建议。系里的回应以及委员会针对有关问题的解决方案也须向 AQSC 汇报。

第二，课程年度评价主要由课程组组长负责组织和实施。课程组组长召集所有与该课程有关的教员以及部分学生开会，针对该课程各方面的反馈信息进行讨论。这些反馈信息主要来自学生反馈或问卷结果、考试结果、外部监考员报告、外部专业团体的学科认证报告、师生联合会的文件及年度报告、雇主或其他利益相关者的反馈等。同时这些材料将与上一年的课程年度评价报告以及课程详细介绍和外部质量管理委员会的相关标准陈述进行比较对照，以明确其进展与不足。会议结束之后，课程组组长将提交一份简单的评价报告，将本年度该课程的进展情况和来年的发展计划报告给系主任，由后者汇总交给学院委员会讨论，并公布最佳课程实践和有待继续改进之处。

第三，学系年度评价是指学院秘书根据学院所有课程的年度评价报告制作一份综合报告（summary），明确学院内要解决的主要问题和需改进的领域，以及优秀的实践案例等。这一报告将向大学质量保障委员会正式汇报。每一份课程年度评价报告随同其后续改进工作的记录都将在系里存档，作为将来迎接其他评价之用。

（三）以质量改进为目标的高层质量管理模式

质量评价和保障的终极目标是提高和改进高等教育的质量。以国外某大学的内部质量管理结构调整为例，我们可以发现，院校内部质量管理制度的改革和调整是以弱化高层具体质量管理方式为目标、以落实基层具体的质量评价和保障为方式、以强化质量改进理念为指导的路径选择。

第三节　高等教育质量评价体系构建的对策思考

一、更新高等教育质量评价的理念

理念是指引个人思维和行为的价值观与信念。理念是抽象的概括，它不是具体的行为，但能指导行为，指导具体工作目标的制订。高等教育质量评价的理念是在对教育评价本身发展规律思考的基础上，追求教育评价活动本身的内在价值的结果。一旦形成先进的、科学的理念，这理念就将是一股引导教育发展与自身发展的巨大力量。目前，我国高等教育质量评价理念落后于评价实践发展的需要，因此，评价理念的更新是重构高等教育质量评价的关键。

（一）树立服务性的评价理念

传统的教育评价具有鉴定和管理的功能，由评价者依据一定的标准对被评价者的工作进行检查、监督，以判断其达成目的的程度，从而实现对教育活动实施监督与控制的目的。在这种评价思想的指导下，评与被评者处于一种对立的地位，他们之间是控制与被控制、监督与被监督、管理与被管理的关系，从而造成了评价者拥有至高的权力，而被评者处于被动接受检查、等待评估的位置，因此，被评者参与评价的积极性不高，甚至惧怕和反对评价。第四代评价理论认为：评价应是评与被评者之间民主协商、共同参与的过程，而非仅仅是评价者对被评价者进行价值判断、控制与监督被评价者的过程。因此，评价不仅具有判断与管理的功能，更重要的是具有服务与建设的功能。这就要求我们在高等教育质量评价的指导思想上，必须转变以往以监督控制型评价为主的理念，树立起以服务性评价为主的理念，发挥评价的建设性功能。这种服务性评价理念要求评价者在进行高等教育质量评价的时候，要以为被评者服务为宗旨，充分听取被评者的意见与建议，与其建立协商型的伙伴关系，使被评者自觉配合和主动参与评价，通过科学、客观的评价来为被评者提供准确的反馈信息并提供可行性建议，以帮助其不断改进工作，实现价值增值，从而大大提高评价体系的运行效率和效益；而不仅仅是以管理者的身份对高等院校进行自上而下的质量检查式的评价。同时，服务性评价还要求评价主体实施评价活动时，应尽量站在被评者的立场考虑，通过评价帮助他们改进工作，而不是用频繁的检查控制式评价增加他们的工作负担。

（二）树立适应性的评价理念

高等教育进入大众化阶段，呈现出一种多样化的发展态势，其表现为办学主体多样化、办学形式多样化、办学层次多样化和培养目标多样化。它适应了社会对不同层次、不同规格和不同类型的人才的要求，正在逐步成为大众的文化场所和学习场所，不断为整个社会创造新的知识和提供受过高等教育的劳动者，为社会创新注入活力。显然，此时对高等教育质量的评价，再继续沿用传统的精英教育的知识质量观（学术质量观）是行不通的，而要"考虑多样性和避免用同一个尺寸来衡量高等教育的质量"。因此，我们在评价高等教育质量时，还必须树立适应性的评价理念，以适应性作为不同层次、不同类型、不同地区高等学校评价的基本要素。而不能抽象、笼统地划分一个标准去评价不同的大学。比如，对自筹经费的大学，只要培养了适销对路的专业人才，人才的素质和能力在社会上得到了认可，就可以承认它的教育质量。但需特别指出的是，这种适应并非无视高等教育的自身规律，一味地迎合外部社会需求而失去了高等教育的主体地位，而应该是在外部需求与自身规律之间寻求到最佳契合点。唯有如此，才能在不失高等教育质量的长远追求下，又顾及外部社会的短期质量目标要求。这也体现了高等教育质量的一般评价标准应与一定社会对人才的需求相一致的质量取向。纵观高等教育发展的各个历史阶段，从注重博雅学识到注重专业基础知识，从注重实践能力到注重全面素质，高等教育质量评价取向的变迁轨迹，均清晰地显示了适应性原则在高等教育实践中的作用。

（三）树立发展性的评价理念

发展性教育评价在 20 世纪 80 年代兴起于西方国家，是一种与传统的奖惩性教育评价不同的新型评价理念。发展性教育评价以发展为目的维度，是一种依据目标，重视过程，及时反馈，促进发展的形成性评价。发展性教育评价的特点是：在教育评价方式上，发展性教育评价不仅注重评价对象的工作表现，而且更重视评价对象的未来发展，重在使评价对象增值，是强调"立足现象，回顾过去，面向未来"的评价；在评价目标上，发展性教育评价更强调以促进被评者的发展为目的；在与评价对象的关系上，发展性教育评价重视提高评价对象的参与意识，发挥其积极性，使双方建立合作型关系；最后，发展性教育评价以评价对象为发展主体，通过系统地收集评价信息并进行分析，对评价者和评价对象双方的教育活动进行价值判断，实现评价者并评价对象协调发展的目标。发展性教育评价理念的提出，改变了长期以来站在评价者立场考虑，重视对被评对象的教育效果进行鉴定和区分优劣的终结性评价占统治地位的局面，而以被评者的发展为主要目标，重视对被评者的工作过程进行评价和及时反馈，以帮助被评者改进工作，促进其发展。发展性评价可以促进评价者与被评者之间的良好交流与合作，树立被评者的主体地位，提高他们参与评价的积极性和主动性，从而提高评价体系运行的效率和效益。发展性评价站在被评者的立场考虑，更重视被评者自身的可持续发展，重视实现被评者价值的增值，是一种更重视评价效率与效益的评价；发展性教育评价更重视促进被评者有效地改进其工作，不仅要满足目前发展需要，而且要促进其未来的持续发展。所以，发展性教育评价是一种更先进的教育评价理念与指导思想，对指导我国高等教育质量评价体系的建构、提高该体系的运行效率和效益有极其重要的意义。

二、优化高等教育质量评价的指标

评价指标是开展教育评价的基础，也是评价活动的重要依据，它决定着评价活动的效果和效率。因此，要改进我国高等教育质量评价工作，真正发挥其功能，保障我国高等教育质量的持续改进和提高，我们还必须优化高等教育质量评价的指标，着力构建我国高等教育质量评价的指标体系。

（一）高等教育质量评价指标的优化价值

高等教育质量的评价目标可以对高等教育质量进行价值判断，找出问题，提供反馈信息，促进高等教育质量的持续改进。高质量的高等教育标准是高度概括性的、抽象的，它涉及许多方面的目标，包括条件、过程和输出成果方面的高质量。因此，评价指标就必须把这些高度概括的、抽象的目标细化成具体化的、可测量的、行为化的、可观测到的标准，以此作为评价的依据和准则。但由于每个指标只能反映某一方面的目标，所以不同的评价指标，在判断评价对象是否达到预定目标的程序中，所起的作用是不相同的。为了使每项指标发挥其应有的作用，就必须赋予各评价指标以不同的权重。这就涉及指标的优化，即根据相关要求（如教育目标、人才培养质量等），运用一定的方法对指标体系中的各要素进行层级分解与权重设计。实践证明，一个设计科学合理而又简单易行的指标体系是成功进行教育评价的重要基础。如果指标体系设计不科学、不合理、烦琐且不可行，不仅不能提高评价体系的效率和效益，而且也得不到科学的评价结果。从这一意义来看，优化高等教育质量评价的指标不仅是必要的，而且是紧迫的。

（二）高等教育质量评价指标的优化策略

我们到底应该怎样来优化高等教育质量评价的指标体系呢？我们认为主要可从三个方面着手。一是要体现完备性。根据评估学原理，一个评估系统的指标体系所反映的广度和深度，应当包含或者覆盖评价对象的全部本质属性。高等教育是一项系统工程，其质量是由多种因素相互作用的结果，包含的属性范围极为宽广。因此，在设计和构建高等教育质量评价指标时，必须坚持全面的理念，根据高等教育质量的内涵和外延，全面设计指标体系。二是要体现实用性。指标体系的完备性是我们追求的目标之一，但过于重视细枝末节则会导致评价信度的降低。因此，对高等教育质量的评估，应在保证评估目标能够得到充分体现的前提下力求简易，选取的评价指标要简明且易于操作，同时要有易于观察和收集的确切的数据来源，并最大限度地避免使用主观色彩过于浓厚的综合性指标。这样评估起来，收集信息方便，费时少，主评人员容易掌握，便于配合，误差较小，从而既能保证评估结果的可靠性，又能使评估体系达到简单、经济、实用的要求。三是要体现针对性。不同类型的学校虽然可分享共同的教育目的，但每所学校的具体使命、角色作用、关键的成功因素却不尽相同。学校是否明确自己的使命本身就是一个影响教育质量的重要因子，不同类型的学校有区别的评价指标有利于引导学校正确把握学校使命。因此，我们在设计和优化高等教育质量评价指标时，还应针对不同层次、不同类型的高等院校，特别是不同学科、不同专业，制定适合国情的多样化的教育质量标准。在横向上，应该分别制定研究型、教学型、应用型大学的教育质量标准；在纵向上，也应该分别制定博士生、硕士生、本科生、专科生各自应达到的质量标准。

三、丰富高等教育质量评价的主体

高等教育的质量不仅关系到举办者、办学者的责任和利益，而且与社会、民众特别是受教育者的利益也密切相关，这就要求多种力量对高等教育质量进行评价。因此，要进一步推进高等教育质量评价的发展，还应丰富高等教育质量评价的主体，积极创建政府、学校和社会共同参与、联动协调的评价机制，使政府教育督导部门、社会中介教育评价机构和学校联合起来，围绕共同目标，从不同角度为高等教育质量提供客观、可信、有效的评价。

（一）政府评价主体的职能转变

教育是在特定的社会历史环境中进行的一种特殊的社会活动，其面临着家长、学生、教师和社会舆论的有许多潜在冲突的要求。正因为教育要受到一定社会状况的制约，于是，对教育质量进行评价自然也成为社会公众与政府部门普遍关心且自觉参与的社会活动。在计划经济时代，政府是高等教育资源的唯一投入者，也就成为进行高等教育管理的唯一权力主体，直接控制着高等教育质量评价的方方面面，承担着对高等教育的无限权力与无限责任。因而在传统的高等教育质量评价中，政府是唯一的评价主体，一切评价活动均以政府的价值观和利益需求为取向，重视对投入资源和办学条件的评价，忽视高等教育产出以及绩效的评价，从而造成了责任机制的缺乏和效率的低下。随着高等教育管理体制、投入体制的不断改革，政府已不再是高等教育评价中唯一的权力中心，理应转变职能，减少对高等教育质量评价的直接干预，而让比其在这一领域更有管理优势的社会与高校承担更多的责任。但是，政府职能的转变并非意味着政府对高等教育责任的放弃，"政府只是从被没完没了的琐碎小事所淹没的平原上撤退，进而在明朗的、可策略性'总揽全局'的制高点避难。"政府的主要职责是通过制定高等教育质量评价的政策、法规等，对评价机构的组成及其评价活动的实施加以规定、监控和调节，从而保证评价机构的权威性和评价活动的公正性。同时，政府及教育主管部门还要利用评价结果制订高等教育发展的有关规划，从总体上、宏观上调控把握高等教育的发展方向，控制高等教育的总体发展水平，并且通过某些其他方式促进高等教育质量不断地改善与提高，使其更符合国家的利益需要。

（二）自我评价主体的功能发挥

自评是指评价客体进行的自我评价，它是客体对象主体化的行为，是一种自觉主动的行为。自我评价是高等院校内部自行组织实施的评价，它是对教育活动进行自我调节和自我完善的重要手段，主要功能是优化教育过程。高校自我评价不仅是同行评价等外部评估的基础，而且是高等教育质量评价中"独立的校内评价过程"，是高等教育质量保障体系的重要组成部分，是高等教育评价的成功所系、生命所在。正如有论者所指出的："只有给予自我评价以足够的重视，才会使教育评价的积极作用得到尽可能大地发挥"，以实现评价的目的。但从当前我国高等教育质量评价的现状来看，真正意义上的高校自我评价制度并没有建立起来。高校缺乏自评的积极性和主动性，其所进行的自评只不过是政府评价的一部分，是为政府评价收集信息的过程，具有某种强制性，容易出现走形式主义、弄虚作假的现象。虽然部分高校内部也设有教学质量管理办公室或教学评估办公室，并定期开展评教评学等评估活动，这的确是一种进步，但还远远不够。由于这些高校开展的自评大部分都是阶段性、临时性、应急性、总结性的，而没有作为学校的经常性工作，当然也就没有开展形成性、日积月累的自评工作，这也是当前高校自评耗费大量人力、物力、财力，却造成评估、教学颠倒的直接原因。要改善这种现状，就必须改变政府控制下的以为政府评价提供信息为目的的高校自评模式，由高校自主地自下而上建立起自我发展、自我约束的高等教育质量内部评价体系。

（三）社会评价主体的积极介入

对于教育的社会评价，《教育评价辞典》中的界定是："社会评价是由具有一定权威的社会团体不受任何教育主管部门委托，独立地对教育活动进行的评价，是社会用人单位对学校培养学生适应社会需要程度进行的评价。"还有学者认为："教育的社会评价是以教育系统外部的社会力量为主体，从社会发展和人民群众需要的角度，对教育行为或现象进行价值判断的活动。"一般来说，高等教育的社会评价主体由各学术团体、专业协会、专门的社会评价中介机构、私人团体、毕业生雇主、新闻媒体等组成。他们代表了广大社会各利益集团的利益，都是高等教育的主要利益相关者。在我国高等教育评价由单一评价主体向多元评价主体转化的过程中，高等教育评价除了政府评价和学校自我评价，还需要一种站在"公众"的角度，真正按"公允"的价值标准对高等教育进行公正评价的社会评价。因此，在高等教育质量评价体系中，必须充分发挥非政府的社会团体、民间组织以及公民个人参与高等教育质量评价的权力，并且促使他们更加有效地履行其应承担的责任和职能，也就是需要社会评价主体的积极参与和介入。正是基于这样的认识，教育部明确提出：要进一步转变政府职能，建立评价中介机构，成立具有独立法人的"教育部高等教育评估中心"，不断提高评估工作的专业化和科学化水平。并且，建立起社会评估中介机构的资质认证制度。高等教育教学评估中心可以带动地方政府、教育行政部门建立相应的评估监控制度和组织机构，促进高等学校建立自我发展、自我约束的内部质量保障机制，积极引导和培育社会评估中介机构，形成由国家控制、评估机构评估、高校自我评估和社会监督共同组成的完整的教育质量保障体制。

四、完善高等教育质量评价的方法

高等教育质量评价的方法很多，但没有哪一种评价方法和手段是绝对优异的，它们都有各自的适应范围，只有将多种方法结合起来，发挥各自的优势和作用，才能从不同的侧面反映实际状况，增强评价的准确性。

（一）定量评价与定性评价相结合

定量评价是采用数学的方法，收集和处理数据资料，对评价对象做出定量结果的价值判断。如：运用教育测量与统计的方法、模糊数学的方法等，对评价对象的特性用数值进行描述和判断。定量评价强调数量计算，以教育测量为基础。它具有客观化、标准化、精确化、量化、简便化等鲜明的特征。它在一定程度上满足了以选拔、甄别为主要目的的教育需求。定性评价是根据评价者对评价对象平时的表现、现实状态或对文献资料的观察和分析，直接对评价对象做出定性结论的价值判断。如：评出等级、写出评语等。定性评价是利用专家的知识、经验和判断进行评审和比较的评价方法。定性评价强调观察、分析、归纳与描述。高等教育质量的构成要素（如规格、效益、特色等），既有确定性又有不确定性。这就要求对高等教育质量所实施的评价与控制必须遵循定量与定性相结合的原则，凡是能够用一定数量确定的，应尽量给出定量要求。而对一些抽象层次高、找不到典型价值事实的评价对象，则应以定性评价为主。如评价标准中的办学理念、办学特色等，无法进行量化评价，只能采取定性分析。唯有如此才有可能做到评价与控制的客观、公正和全面。

（二）单项评价与综合评价相结合

单项评价是对评价对象在某一方面的评价，或者指评价对象在某一时间范围内的工作评价。单项评价不仅能为改进某一方面的工作提供依据，而且能为被评价者提供今后工作努力的方向。缺少单项评价会导致综合评价结论的表面化和简单化，因此，单项评价是综合评价的一个重要组成部分。综合评价是用动态的、发展的眼光，对评价对象工作的各个环节进行系统的、全程的、较长时期的、循环反复的评价。综合评价不是单项评价的累加，而是对被评价者全方位的、多角度的、综合各种因素的系统评价。没有综合评价，就无法全面了解评价对象的工作表现，无法把握评价对象的发展倾向和发展需求，也无法修正评价过程中由晕轮效应、趋同效应等引起的各种偏差。高等教育本身是一个多功系统，而这些系统又有相对独立性，质量评价需要与各层次的教育活动同步进行，以判断各层次、各方面的效果，从而改进各层次、各方面的工作。因此，实施高等教育质量评价，必须坚持单项评价与综合评价相结合，这也是教育评价的一项基本方法。

（三）自我评价与外部评价相结合

高等教育质量是高等院校永恒的主题，因此，建立自我评价制度理应成为高等院校的自觉要求，成为院校建设中不可或缺的重要一环。自我评价固然重要，但由于受自身条件和各种因素的影响与限制，自我评价机制也存在一定的局限性，其评价结论的客观性、可信性和有效性难以得到保障。而外部评价与自我评价相比，其起点更高、视野更宽，更具客观性、权威性，对院校的宏观指导战略意义更大。因此，评价高等教育质量，还必须将外部评价与自我评价相结合，并使二者相互融合与促进，如此才能使评价的过程与结果更真实、更科学。一般来说，在高等教育质量评价中，应先由学校进行内部自我评价，然后外部评价机构根据自评报告对学校进行检查或指导，这样既可以让学校展示其优劣点，又能节省时间，符合我国教育评价高效率的要求。同时，学校作为评价主体之一，参与评价的积极性也必将得到进一步加强。

（四）静态评价与动态评价相结合

静态的认可性评价的重点在于高等院校现在达到的实际水平，判断其是否符合一定的质量标准，并据此予以认可。认可性评价较重视评价的统一性，其标准多为静态标准，即针对稳定的教育任务，依据既定的教育目标而编制的评价标准，目的是考核教育任务完成的程度和水平，且是相对稳定的。动态的发展性评价则更注重从改革和发展的角度对高等学校在改革中表现出来的活力——适应能力和创新能力进行动态评价。发展性评价重视评价标准的变化和多样化以及高等学校的办学特色。因为从动态和改革的观点评价高等教育的发展，必须允许甚至应当提倡各所高校制定自己的特色评价标准，或者评价者针对不同的高校制定不同的发展性评价标准。对高等教育而言，其质量保障和质量提升是一项复杂的系统工程，不是一蹴而就的，也不是一劳永逸的。仅仅依靠静态评价不能反映整个发展过程，也无法把握其发展方向。因此，在对高等教育质量的评价中，必须坚持静态评价与动态评价相结合，但要以动态评价为主。

五、健全高等教育质量评价的制度

制度和机制带有根本性、全局性、稳定性和长期性的特点，任何一项工作的深入开展，都必须依赖于制度和机制的建立与完善。当前，在高等教育评价的实践中，还存在严肃性、规范性不强等突出问题，一定程度上影响了评价的信度和效度。为此，我们还需要进一步健全高等教育质量评价的相关制度和机制，切实增强高等教育质量评价的科学性和有效性。

（一）健全高等教育质量评价的文本制度

法律保障的特点在于，它以国家权力作为后盾，具有最高的权威性和最大的强制力。因而，立法建设对质量评价和质量保障具有重要意义。从国际情况看，许多发达国家都把高等教育评估作为一项重要的制度，国家的法律条文和制度明确规定了评估的依据、目的、标准、机构、组织、程序、结果及其使用方式、评估专业人员、评估有效期限、评估仲裁、评估费用来源等。如，俄罗斯不仅以《教育法》的形式确立了高等教育鉴定制度，还相应地以《教育活动认可条例》《高校国家鉴定条例》《高校国家评定条例》等专门性的法规予以制度响应。与国外相比，目前我国高等教育质量保障活动还处在无法可依或有法难依的状况，这势必使高等教育质量保障与评估在实践中的约束力和影响力大大削弱。因此，目前我们应依据《教育法》《高等教育法》《教师法》以及我国高等教育的战略目标、方针、政策等，借鉴和吸收西方发达国家质量评价和质量保障的法治经验，结合我国高等教育质量评价和质量保障的理论和实践，进一步完善高等教育质量评价的各种文本制度，从法律上建立具有中国特色的高等教育质量保障机制。从法规体系构建的合理化视角看，我国高等教育评估法规体系建设的基本思路应该是：由全国人大制定颁布适用于各教育领域的教育评估法；国务院在此基础上制定适用于高教领域的高等教育评估条例；国家教育行政部门统一制定地方省市各级高等教育评估规程；地方各级人大、政府及教育主管部门制定高等教育评估规程细则，并依据国家制定的各级评估规程的统一要求，确立本区域相应的高等教育评估政策法规。此外，各级教育评估部门可以制定其他有关的高等教育评估工作规章，工作规章并非属于法律规范的范畴，但是可以依据上位法的立法精神对高等教育评估中的具体问题做出补充性的规定和说明。

（二）健全高等教育质量评价的保障制度

任何一项工作，要想朝着既定目标健康发展、有效运作，都需要有良好的保障机制，高等教育质量评价更是如此。因此，我们在实施高等教育质量评价时，还应通过健全保障机制，把内部保障和外部保障有机结合起来，为评价工作的深入开展提供坚实的保障。一方面，政府及教育主管部门应充分发挥外部保障的主导作用，通过人财物方面的条件支持、制度性的项目支持等，来推进高校教育质量自我评价体系的建立。如：政府可对建立了自我评价体系的高校进行鉴定，凡是通过了鉴定的高校不仅可以获得政府的经费资助，而且还可以享有较大的办学自主权。另一方面，社会及相关部门也可以从社会资金资助、就业资格或生源等方面来促进和保障高等教育质量评价。例如：各种专业行会可以把对专业性强的专业进行鉴定作为职业资格准入的一个必要资格，使毕业生得到用人单位以及社会各界广泛公认的高校院校能够吸引更多的生源。同时，高等院校及教师也应充分发挥主动性，在学校内部营造一种学者团体的自律文化，使其能自觉地参加自我评价，进行自我保障，通过这样一种不断自省的方式来建立学术组织的规范，维护学术的高深性、学位的荣誉性以及学术组织的纯洁性。这就要求我们发挥各级学术委员会或教授委员会的重要作用，尤其是要发挥系一级学术机构，如系一级的教授委员会或者学术委员会的作用，依靠它们建立起高等教育质量系一级的内部质量评价机制。另外，在学校内部成立强有力的行政管理部门也是推进自我评价体系建立的一种有效措施。如果有了这样一个强烈的意识，并且建立了一些明确的规章制度，就能为建立自我评价机制创建一个良好的实施环境。

（三）健全高等教育质量评价的评价制度

评价活动本身的质量如何，是否能够真实、公正地反映被评对象的客观情况，切实有效地发挥导向、激励、诊断、中介、提升等功能，还需要进一步的考察与评价。这种评价就是对所进行的评价活动进行的后续评价，也就是对评价的评价，也被称为再评价或元评价。再评价对监督与制约评价主体的行为、提高评价结果的客观性、消除评价中的误差、改善高等教育质量评价工作、总结经验与不足、从而提高评价体系的运行效率和效益都有十分重要的作用。国外高等教育质量评价的实践经验也证明，再评价在保障高等教育质量评价的质量、提高评价的信度和效度方面发挥了极其重要的作用。如：英国政府主要由质量审核这一制度来实现对评价活动的再评价；荷兰政府则是通过对评价活动进行元评价来评价高等教育评价；而美国联邦政府对高等教育质量鉴定机构的资格审核与认可实际上就是一种再评价制度。相形而下，我国的高等教育质量评价活动中，对评价的再评价开展则较少，认识也不够。表现在：目前所做的再评价仅仅是对评价结果的信度和效度的分析，而没有对评价方案（包括评价指标体系和评价实施方案）、评价的实施过程、评价的技术以及评价实施者本身进行全面系统的再评价。另外，目前的一些再评价的实施者同时又是原评价活动的实施者，事实上，我国的再评价制度中还没有对他们自身进行监督和制约的主体。这就影响了我国高等教育质量评价体系效率和效益的提高与改善，是我们在今后的工作中必须高度重视的一个重要问题。为此，我们还应高度重视再评价制度的建立和完善，并把它作为保障评价活动质量、提高评价体系运行效率和效益的一个重要手段，在实际工作中加强建设，使评估成为保障和提升高等教育质量的重要手段。

六、深化高等教育质量评价的研究

如前所述，由于我国高等教育质量评价起步较晚，现阶段还处于实践的探索阶段，因而特别需要有理论研究的支持、政策导向的帮助和趋势预测的启发。但就当前我国的实际情况来看，有关高等教育质量评价的理论研究还相当薄弱。这就要求我们必须进一步深化高等教育质量评价的理论研究，积极探索开展高等教育质量评价的新思路和新举措，积极探寻有效的高等教育质量评价原则、途径、措施、方法等，从而为高等教育质量评价的实践提供坚实的理论支撑。实践中，为了早出成果、快出成果、出好成果，我们还应努力实现高等教育质量评价理论研究的"三化"。

（一）研究队伍专门化

当前，从事高等教育质量保障与质量评价研究的人员主要有两类：一类是教育理论研究方面的专业人员，如教育研究院所的人员、高校教师与研究生等；另一类是在教育实践第一线的工作人员，如教育主管部门的工作人员、高等院校的教学管理人员等。总的看来，很多实践工作者对这一专题的研究有实践经验，但缺乏理论知识，研究成果的深度略显不够。而部分理论工作者因缺乏实际工作经验，仅作纯理论研究，实用性不强。而且，相关的高等教育质量保障研究或高等教育质量评价研究主要来自研究者个人基于自身的具体实践而提出的经验总结，或者来自研究者基于自我自然的判断分析，缺乏从深层次上对现有的评估理论和评估实践进行的审视与批判。如果照此发展下去，高等教育评估研究将难以真正有所发展和创新，难以发挥对高等教育评估实践的引领作用。同时，由于教育评价是一门综合学科，需要越来越多的、综合的学科知识来支撑，如教育学、管理学、心理学、数学、统计学、经济学等。因而，要实现教育评价研究队伍的专门化，就必须进一步加强教育评价的学科建设，以学科平台为依托，积聚和吸引大批具有较深专业知识和较高理论水平的专家、学者，从而构建起教育评价研究的不同层次的完整的学术梯队，形成一支专业化的研究队伍。

（二）研究载体配套化

一方面，学术界、理论界要在政策、资金、课题等方面对开展教育质量评价研究实行扶持和倾斜政策，要创办专门性的学术期刊，交流研究成果。各级各类的研究机构每年度要安排一定的课题指标用于教育质量评价的课题研究，不断完善教育评价的理论体系。要特别注意研究方法的科学性、研究课题的针对性和研究成果的创新性，实现教育质量评价理论研究的制度化、规范化、常态化。另一方面，我们还可以借鉴西方发达国家的经验，通过设置专职的教育评价研究机构，或依托独立的教育评价中介机构，积极组织专家和学者围绕教育质量评价的热点问题、难点问题和重点问题开展系统的研究工作。如，美国六大区域认证协会（NEASC，MSA，SACS，NCA，NWA，WASC）从建立之初就一直在不间断地开展高等教育质量认证研究，对认证机构的使命、目标、机构成员、独立性、质量认证的标准与过程等内容不断进行改进和调整。

（三）研究范式多元化

开展高等教育评价研究，在讲究理论研究的科学性和规范性的同时，还必须提倡研究方法的多样化和研究范式的多元化，提倡高等教育质量评价研究的"百花齐放""百家争鸣"。实践中，一方面，我们要克服长期以来教育评价研究范式单一化的弊端，克服"拍着脑袋撰理论的做法"，改进传统研究方法，发挥传统研究方法的优势，并结合高等教育评价的特点，学习和嫁接其他社会科学和自然科学的研究方法，如案例研究、行动研究、追踪研究、实证研究、现场研究、实验研究等，做到研究方法丰富、多元、有效。另一方面，要从高等教育评估的哲学、社会学、管理学、法学、教育学、心理学基础等多学科的视角，研究高等教育评估的本质和属性、目的和作用、结构和功能、过程和效果等，探索高等教育评估的基本规律与原理。同时，我们在开展比较研究、接受国际尤其是西方发展成果和经验的示范作用的同时，还应始终积极地、自觉地追求民族性和本土化，用现在常用的话说，就是努力创建中国特色。事实上，只有将高等教育评价的普遍性规律与我国高等教育的具体特点结合起来，才能真正建立适合我国国情的高等教育质量评价体系，促进高等教育质量的不断提升。